博多ふるさと野菜

博多ふるさと野菜を語る会　編

弦書房

◉目次

はじめに　5
『博多ふるさと野菜』発刊に際して……6

博多ふるさと野菜の来歴と特性……11
キュウリ　12／ナス　16／イチゴ　19／サトイモ　23／ダイコン　26／
ニンジン　30／ネギ　33／カラシナ　37／その他(「八媛在来」カボチャ　41／
ニガウリ　42／フジマメ　43／「改良博多」カブ　44)　＊カラー写真　45〜60

博多ふるさと料理と食文化……65
博多の食文化の歴史と特徴　67／博多を代表する「ふるさと料理」　73／
福岡県内のふるさと料理　88
【料理レシピ】……93
だぶ／がめ煮／あちゃら漬／夏の水炊き／冬の水炊き／かしわ飯／

にんじんご飯／なすの丸ゆで／きゅうりの白和え／けんちゃん／
びりんじ／ぬくずし／博多ポッポ膳／かつお菜の変わりおひたし／
かつお菜のハイカラ和え／博多雑煮

【生産地レポート】
かつお菜　113／毛利大根　115／蒲池大水芋　117

【コラム】
①残そう、残ってもらうぞ！　博多伝統野菜農家　61
②博多万能ねぎ　62
③博多の春菊　63
④博多の野菜を守り育てる　64
⑤博多のごっつおう——ごりょんさんの博多の味　109
⑥かつお菜の可能性　110
⑦博多に春を告げる野菜　111
⑧いちごは、野菜?!　112

⑨ 八女で「ふるさと野菜」を考える　120
⑩ 「三毛門カボチャ」復活の動きに注目　121
⑪ 温暖化、今こそ地域野菜を見直す　122
⑫ 博多ふるさと野菜の心を伝える青果市場　123

博多ふるさと野菜一覧表……125
ふるさと野菜が豊かな食文化をつくる――あとがきにかえて……129
執筆者一覧／博多ふるさと野菜を語る会　134

はじめに

地産地消やスローフードの動きの中で、その土地に根ざした野菜への関心が高まっている。多くの野菜は、人々の動きに伴って生産地からはるか離れた土地へと「移転」する。そしてその中で、新しい土地柄にあわせて「変容」し、しっかりと定着していく。さらには、その土地に伝わる料理に、新しい食材として生かされ、やがては、伝統野菜へと育っていく。

この博多は、古くからの「文明の交差路」である。食についてもはるかな昔に、大陸から伝えられた饅頭やうどんが「博多の名物」として根づいており、この地から全国へと広がっていった。

野菜について考えれば、もともとこの地に育っていたもの、大陸など他の地から伝えられたもの、さらには英知によって新しくつくりだされたものなどが、しっかり根づいて、大きな時の流れの中で、「博多野菜」へと育っていくのだと思う。

こうしたことから、博多の食文化が育んだ特産野菜や地方野菜を、「博多ふるさと野菜」として位置付けることとした。

この本は、そういった視点を踏まえて、「博多ふるさと野菜」の一端についてまとめたものである。当然ながら、「博多ふるさと野菜」はこの地の料理に生かされてこそ、価値があると考え、「博多ふるさと料理」についても併せて紹介させていただいた。

「博多ふるさと野菜」発刊に際して

博多野菜は京野菜、加賀野菜と並んで、三大地方野菜の一つと言われている。本書でいう「博多ふるさと野菜」とは、博多の食文化が育んだ特産野菜や地方野菜のことである。

京都に京料理があり加賀に加賀料理があるように、博多にはこの地方独特の博多料理があり、この京都、金沢、博多の近郊には、町独特の料理を支える野菜の産地が生まれた。これが名高い三大地方野菜である。

この地方野菜は、地方独特の料理によって地方独自の野菜として育ったし、地方独特の料理は、その地方独自の野菜によって郷土料理となったのである。

現代の流通とは異なり、当時の農産物とりわけ鮮度が重要な野菜は、大八車や牛車や馬車で運ばれる地域が流通の範囲であり、今日の「地産地消」は当たり前のことであって、消費ニーズと生産事情の交流は極めて日常的なものであった。そこに地方独特の料理や野菜が生まれたのである。

地方独特の料理は、その地方の気候風土や地理的歴史的条件と関わりながら、長い時を経て人々のくらしの中からつくられた地方独自の文化であり、それを支えた野菜もまた地方独自の文化なのである。

そうした点から博多料理や博多野菜をみると、博多は京都や加賀に較べ、地理的にも気候風土でも大きな特徴がある。

地理的に見れば、博多には豊富な海産物に恵まれた広大な海域があり、比較的温暖な気候のなかに内陸部に肥沃な農耕地が広がり、豊かな食材に恵まれた地域である。

歴史的に見れば、古代より中国や朝鮮半島との交易の中心地であり、異国の文化や商品がいち早くたどり着く商業の盛んな町でもあった。こうした交易のなかで、それまでにはなかった優れた新しい野菜の種子が、国の内外から盛んに持ち込まれたのである。

地理的歴史的条件に加えて、博多料理を育てたのが博多の町人文化である。

福岡の旧市街は、那珂川を挟んで西側の福岡部と東側の博多部に分かれるが、福岡部は黒田長政が城を築いた城下町で、対する博多は商業の地で進取の心意気に富んだ商人の町であった。四季折々の野菜や海産物に恵まれた上に、町人の気風が華やかなハレの博多料理をつくり、日常の料理にも博多野菜と一緒に海産物や鶏肉が使われ、比較的栄養に恵まれた独自の博多料理をつくりだしたのではないだろうか。

博多野菜には、達人と言われる多くの先進的野菜生産者の手によってつくられたのが、「博多長茄子」「博多金時人参」「博多据蕪《すわりかぶ》」などがある。

この地に生まれた博多の料理や野菜は、博多に留まることなく時を待たずに他の地方へと伝播していき、中にはその地方の気候風土に馴化して、新たな料理や地方独自の品種に育てられたものもある。その典型的例が「博多長茄子」が仙台地方に伝播し、食習慣の全く異なる幼果の当座漬で有名な「仙台長茄子」となったことである。

伝播の経路について、仙台出身の育種家である草川俊氏は「野菜博物誌」の中で「仙台藩祖伊達政宗は朝鮮の役に出陣した。その帰途、博多に立ち寄った藩士の持ち帰った長なすが長い歳月にわたって、仙台地方の風土に馴化し、極早生の品種に改良されたのが、仙台長茄子の由来である」と書いているが、仙台を訪れた折に、地元の渡辺採種場で「博多長茄子」そっくりの「仙台長茄子」の母本と採種用果実を見せてもらい、仙台長茄子の由来が充分に納得できたものである。

伝播していったと同様、他の地域から新たな野菜や料理文化が持ち込まれ、また新しい博多の料理や野菜が育てられたのであろう。博多野菜や博多料理の地域が特定しにくいのもこのようなことによるものであろう。

文化には発展していくものと失われ消え行くものがある。食文化もまた然りである。

今日ではスーパーに行けば、季節を問わずさまざまな野菜や惣菜が並び、その気になればいろんな食事が外食で気軽に済ませることができる。

和食の健康性が世界的に評価される今日、ハレの食と日（ケ）の食を合わせてこの博多料理は、美味しさと健康性から見て、最も優れた和食のひとつと評価できるのではないだろうか。

食の洋風化、多様化とあいまって、産地の大規模化と流通の大型化が進み、伝統的な博多野菜も、その消失の憂き目にある。

関係した者としてその責任を深く感じているが、「博多万能ねぎ」に始まり「博多なす」「博多とよのか」「博多なばな」などの「博多」を付したブランドは、全国を対象とするブランド名としては、「福岡」よりはインパクトが強く、極めて高いブランド効果があった。このため福岡の野菜に次々と博多ブランドがつくられ、博多野菜に混乱を生じ、本来の博多野菜の存在をますます希薄なものにしたのである。

平成一七年に福岡県近郊野菜流通改善福岡市場協議会の菰田会長の提案で、「博多の野菜を育てる会」がつくられた。この会では「博多の伝統野菜」という言葉がよく使われたが、それは博多ブランド野菜との混乱を避け、本来の博多野菜を語り合おうとするものであった。

その後、この「博多の野菜を育てる会」が「博多の野菜を語る会」に発展し、さまざまな議論の中から博多野菜誌の編集が話題になり、平成二〇年四月に『博多ふるさと野菜』刊行発起人会ができたのである。

幸いに発起人に、九州大学名誉教授の藤枝國光氏と、食・生活文化研究所エリス代表の中山美鈴氏の参加を得て、両氏に博多野菜と博多料理についての著述をお願いすることができた。

こうしてこの書の思い立ちは、博多野菜や博多料理が昔日の物語になり、本来の博多野菜と博多ブランドが混乱を重ねている今日、現代の目で今一度本来の博多野菜や博多料理を見直し、これからの野菜の生産と流通に活かしたいという主旨によるものである。

発起人会の度に問題となったのが、どの地域を博多野菜とするかである。先に書いたように、「博多金時人参」や「博多長なす」「博多据蕪」などが博多野菜であることには異論はなかった。しかし、「博多野菜」をどの地域範囲とするかではなかなか意見が一致せず、議論百出の感があった。

博多区域論、福岡市域論、福岡市近在を含む地域論、黒田藩域論、筑後の一部を含む地域論、地域を限定しない論、などこの論議に最も多くの時間を要した。
　こうした議論の後、藤枝國光氏から「博多の食文化が育んだ、特産野菜や地方野菜を『博多ふるさと野菜』というう」が提案され、ようやく地域を特定しないことで議論が収まり、書名を『博多ふるさと野菜』として発刊することになった。

『博多ふるさと野菜』企画本発起人代表　樋口泰範

博多ふるさと野菜の来歴と特性

藤枝國光

キュウリ

キュウリの原産地はインド西北部のヒマラヤ南山麓である。栽培化されたのは三千年前で、間もなく中央アジアから西アジアに広まったと推測されている。このキュウリが漢の時代にシルクロードを経て華北に導入され、早生で夏秋栽培に適応する華北型に進化した。一方、インドから東進し、ミャンマーを経て中国雲南省から華南に広まった一群があり、晩生で短日環境の冬春栽培に適応する華南型の品種群を分化させた（図）。

キュウリが我が国に渡来したのは九世紀頃で、遣唐使によって中国から持ち込まれたものと思われる。古来の在来種は華南型である。晩生で大果の青大群、強健で暑さに耐える地這群、早熟栽培を普及させた半白群、促成栽培を成立させた青節成群などに分化しているので、かなりの遺伝変異を包含して渡来してきたと思われる。一方、華北型の導入は幕末頃からである。初期の品種は在来種と交雑して地方品種になったが、明治末期に導入された「支那三尺」は関西の山間地に、大正初期の「立

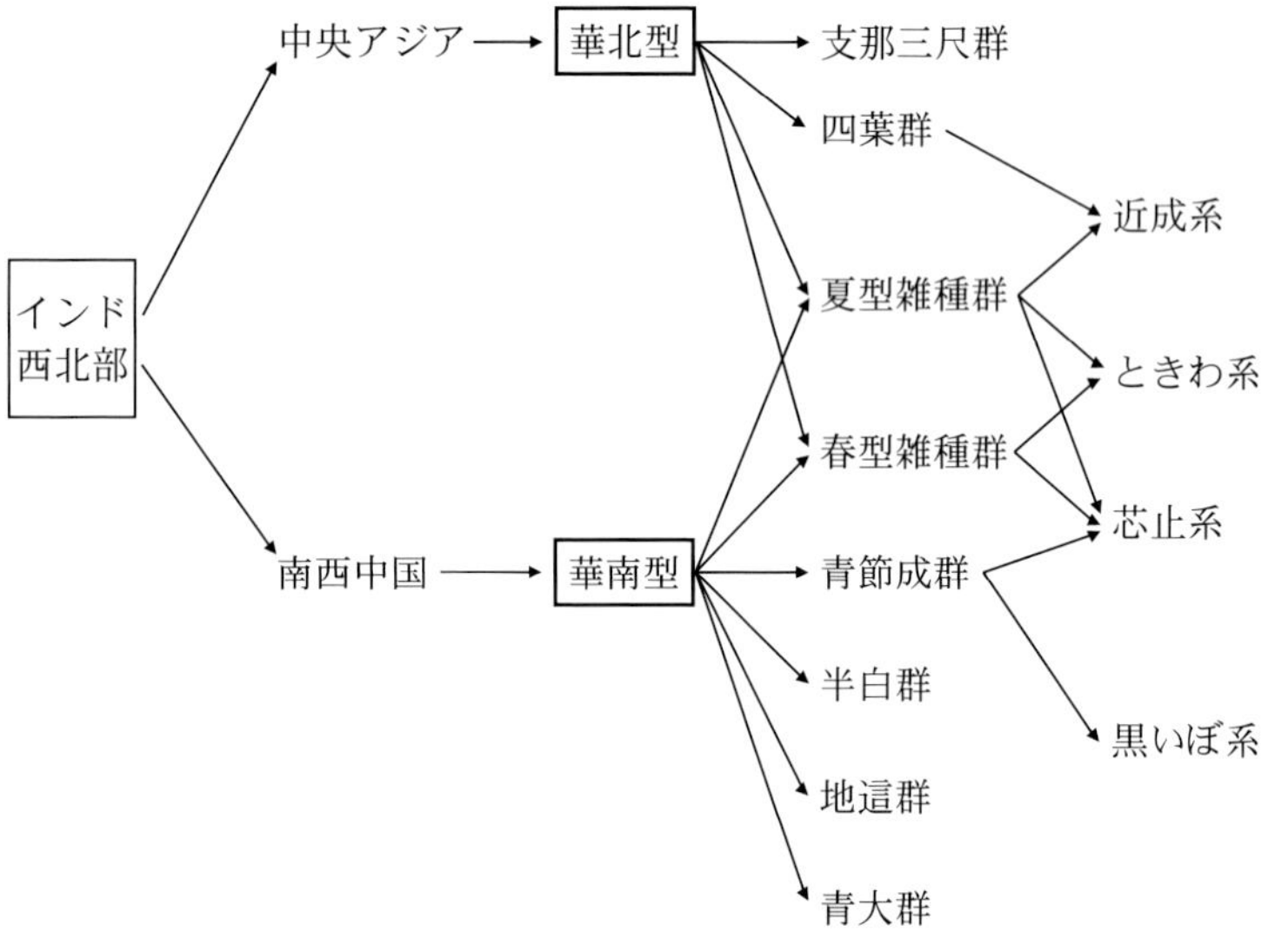

図　キュウリの品種群分化

秋」は関東地方に順化した。このように、生態型の異なる華南型と華北型が各地で栽培され、両型間の交雑で江戸時代から明治にかけて「聖護院」や「刈羽」のような春型雑種群が裏日本で成立した。また、昭和前期には夏型雑種群の「芯止」が関東で、九州では「平和」が自然交雑で生まれ、夏秋栽培を普及させた。そして第二次大戦中に華北型の「四葉」などが導入され、戦後になって暖地の夏秋栽培に普及した。我が国のキュウリは形態的のみならず、生態的にも豊富な遺伝資源を保有することになり、周年供給の基礎が培われた（図）。

昭和戦後、キュウリの品種改良は自然受粉品種の整理が終わると、一代雑種の開発に移行した。ビニル園芸の普及、加温施設の導入、広域流通網の整備などで栽培適地と栽培時期が拡大され、作型の分化が進んだために適応性の異なる群間の組合せで適応性の拡大を意図するようになった。同時に分化した作型に適応する品種を育成するために、多元的な交雑育種による両親系統の生態育種が本格化した。昭和四〇年代に入ると「芯止」をカボチャ台に接ぎ木して促成・半促成栽培が行われ、これを歓迎する中央市場で白いぼ旋風がおこった。「芯止」は華北型の血をひく夏型雑種群の品種である。促成・半促成栽培では適応性が不十分で、不安定な作柄に悩まされた。しかし、種苗業界の精力的な生態育種で、青節成群の黒いぼキュウリに匹敵する低温・寡日照に耐える芯止系品種（表）の開発が相次いだ。また、「ときわ」は「芯止」の血を引く夏型雑種群であるが、耐暑性や病害抵抗性が強化されたF_1品種のときわ系（表）に改良され、冷涼地はもとより暖地の夏秋栽培にも普及した。その結果、白いぼキュウリが全国的に普及し、周年供給されるようになった。

白いぼキュウリは果実が濃緑色で照りがあり、果皮が薄くて肉質が脆く、サラダやかっぱ巻、調味浅漬やディルピクルスなどに適した品種が多い。しかし、古漬や酢の物、葛かけ、炒め物などのふるさと料理には必ずしも適した品質とは思えない。そして、キュウリに季節感が無くなり、地域性も薄れ、調理も単純化している。しかも、白いぼキュウリは一一〇㌘前後の若採りでないと品質・収量が伴わないので、生産者は収穫・調製に多くの労力を要している。白いぼキュウリ一辺倒は見直す時期に来ているのではないだろうか。

表　キュウリの品種分類

品種群	代表品種	類似品種		
		固定種	群内F_1	群間F_1
半　白	相模半白	大仙１号	半白節成	
青節成	青節成 落合 日向２号	豊岡節成 執行落合 七尾房成	翠青２号 久留米落合H型	
春型雑種	毛馬 聖護院 加賀太 彼岸節成	大仙毛馬 刈羽	**芯止系**；シャープ1，翠青節成２号，久輝，ハイグリーン，むげん，グリーンラックス，フレスコ100	長日２号
青　大	青大 青長	博多青		
地　這	土田 霜不知	宮ノ陣 埼玉地這	くろしお	
夏型雑種	芯止 ときわ 夏節成		**ときわ系**；なおよし，ときわ金星，大将，ステータス夏，V ロード，ビュースター，パイロット２号	**近成系**； 近成山東 近成四葉
四　葉	四葉		山東四葉，まつかぜ	
支那三尺	笠置三尺	八木山三尺		

「博多青」

博多でのキュウリの栽培起源は明らかでないが、江戸時代末期には城下町周辺で在来種が作られていたようである。「博多青」は「箱崎胡瓜」の名で博多で作られていた地方種で、明治二〇年頃から各地に広まったと伝えられている。

華南型青大群の春キュウリで、草勢が強くて分枝が多く、這作りで側枝に着果させていた。果実は平滑な円筒形で太く、緑皮黒いぼで肉質が柔らかく、歯切れのよいキュウリではなかった。それでも、明治二五年頃からこの品種で早熟栽培が始まり、博多山笠までに出荷を終えることを目指していた。粗放な栽培に耐えるが、生産性の高いキュウリではなかったので、昭和戦後は市場から姿を消した。

「宮ノ陣」

久留米市宮ノ陣の地方種で、昭和初期に生産組合が組織され県内市場へ出荷するようになった。昭和一三年には県採種組合連合会が「宮ノ陣胡瓜」として採種し、普及を促した。来歴については、博多の金平地区で山笠が終わった後に出荷していた地這キュウリを、明治時代に田中梅太郎氏が宮ノ陣に導入して栽培を始め、選抜したとの説がある。

華南型地這群の夏キュウリで、節間は短くて分枝が多く、這作りに適する。雌花は少なく、摘心仕立で枝成りを利用するが、収量は多くなかった。しかし、高温に耐え病害にも強く、四葉系が出回る昭和三〇年頃までは、暖地の夏キュウリ栽培に普及していた。果実は円筒形で淡緑色、いぼは白色で数も少なく、果肉は厚い。浅漬のほかに、縦に割り種子を出して薄切りし、きゅうりもみやなます料理などに好んで用いていた。

「八木山三尺」

昭和二年、飯塚市八木山に奈良県より導入した「支那三尺」の選抜系統である。八木山高原地区の露地抑制栽培に普及し、昭和三二年頃まで栽培されていたが、その後は一代雑種の「山東四葉」や「近成四葉」に置き換わった。

「八木山三尺」は華北型であるが、やや晩生で分枝が多く、葉は小型で節間が長く、支柱仕立てで栽培されていた。親づるの雌花が少なく、枝成り主体の収穫で長期栽培向きである。果実は淡緑色の優美な極長形、いぼが少なく白色で、生食のほかに粕漬加工にも利用されていた。つる割病に弱く、高温・乾燥で果形が崩れやすく、産地は山間地に限られていた。

「久留米落合H型」

九州農業試験場園芸部の育成種で昭和三五年に公開された。「日向二号」と「久留米落合」の内婚系統間の一代雑種で、冬春期のハウス栽培で開発された青節成群の品種である。葉は中型で厚く、低温生長性に優れ、寡日照に耐え、つる割病に強く、性表現は飛成り型であるが、冬春期には六〇～七〇％が雌花節になり親づる主体の栽培に適する。果実は長形の緑色果で上半部が濃く、黒いぼで、単為結果性に優れ低温期も果崩れが少ない。本種は発表以来、本県の代表品種となり、西日本の冬春期の施設栽培に急速に普及し、キュウリの広域流通を促進した。しかし、昭和五〇年代に入ると、白いぼの芯止系に置き換わった。

「近成四葉」（ちかなりスーヨー）

九州農業試験場園芸部の育成種で昭和三〇年に公開された。雌性型の「夏節成」に「四葉」を組み合わせた一代雑種で、葉は大きく丸みを帯び、つるは太めで節間の短い早生品種である。高温長日期でも節成性で、収量構成は主枝・側枝型になり、着果が多いので栽培は肥沃な土壌が望ましい。耐暑性は強いが乾燥期に果崩れしやすく、適応作型は晩春播・初夏播・晩夏播などの夏キュウリ栽培である。

果実は中長、三〇㌢程度で収穫する。「四葉」に似て濃緑色で皺があり、白いぼが多い。肉質は脆くて歯切れがよく、生食も旨いが、漬物加工に適している。

ナス

ナスはインドで野生種から有史以前に作物化されたと言われている。中国には五世紀以前に伝播し、南北に広がって多くの品種が分化した。我が国へはこれらが奈良時代か、それ以前に渡来してきたと推定されている。インドからの西進も早く、五世紀にはアラビヤから北アフリカにまで広まっていた。しかし、ヨーロッパで栽培されるようになったのは一三世紀以後で、当初は観賞用であり、その後も主要野菜にはなっていない。

一方、我が国では一〇世紀には各地に普及し、それぞれの風土や食文化に育まれ、江戸時代には多くの地方品種ができていた。果色は黒紫色を茄子紺と称え、昔も今も主要品種は黒紫色である。ナスニンを主成分とするアントシアニンによるもので、その発現には近紫外線を必要とし、日照不足や紫外線カットフイルム下では着色が悪くなる。しかし、西欧のナスにはチューリッパニンを主成分とし、光に関係なく紫色を発現する品種がある。最近はこの遺伝子を利用し、着色しやすい品種の開発が

表　ナスの品種分類

品種群	代表品種	類似品種	
		固定種	一代雑種
丸　形	巾着 芹川	魚沼巾着 大芹川	越の丸（S 50）、新潟黒十全（S 58）
小丸形	捥ぎ 民田		ちび丸（S 57）
卵形形	千成 真黒	山茄、蔕紫、山科	新橋真（S 28）、千両 2 号（S 39）、竜馬（S 53）、くろべえ（S 54）、式部（S 61）、黒福（H 9） みず茄（S 46）
中長形	橘田 大市 水茄子	静岡 11 号 大阪中長 黒十全	
長　形	南部長　大阪長 佐土原　津田長	仙台長、川辺長 大仙長 熊本長、泉中長	黒陽（S 40）、長者（S 40）、筑陽（H 4）
大長形	博多長 久留米長	箱崎中長 企救長、長崎長	庄屋大長（S 62）、黒びかり 博多長（S 38）
米ナス	Black Beauty		くろわし（S 52）

注：（S＝昭和、H＝平成）は育成年次

進んでいる。果形については、関東以北の在来種は卵形が多く、関西周辺では長卵形や中長形が多く、西日本では長形・大長形の品種が多い（表）。卵形群の小・中果は早生で耐暑性が弱く、大長形群は晩生で耐暑性が強いので、在来種の果形は気候適応性と関連がある。

　ところでナスは、我が国が世界に先駆けて一代雑種を実用化した野菜である。当初は在来種間の交配であったが、現在では両親系統が交雑育種で改良され、生産性が高く広域流通に適したF_1品種が育成されている（表）。その結果、関東や関西では長卵形群、九州では長形群の特定品種が栽培されるようになった。その一方で、地方の食文化が育んできた食味や形状に特徴ある地方品種を求めるニーズも高まっている。

　促成ナスの栽培は一六〇〇年頃に駿河国三保で始まり、そのナスは極めて高値で取引されていた。駿河国の名物「一富士、二鷹、三茄子」は、一番高いのが富士山、二番目が愛鷹山《あしたかやま》で三番目が高値の促成ナスに因んだと言われている。我が国の促成園芸の発展は、このナスによって先鞭がつけられたが、ナスは高温性で自然結実の場合は夜間一六℃以上を必要とし、産地は限られていた。昭和戦後になって生長調節剤による結果調節法が開発され夜温を一二℃まで下げられるようになり、施設園芸の発展に支えられ産地が拡大された。更に、昭和四九年に始まったオイルショックで低夜温管理技術が生まれ、品種との関連で七〜八℃まで下げても安定生産が可能になった。その技術をいち早く普及させた本県は、高知県に次ぐ冬春期ナスの主産県になっている。

ナスは低カロリーでミネラルもビタミン含量も少なく、栄養価の高い野菜ではない。しかし、食物繊維は多く、紫色のナスニンには活性酸素を抑える作用があり、細胞の老化やがん化を防ぐ効果が知られている。また、果肉に小さな空隙が多くて味付けも短時間で行える。煮たり焼いたり漬けたり炒めたりして、量的に食べやすい重宝な食材である。ふるさと料理では、大長形群の焼き茄、煮物、しぎ焼などが人気メニューである。

「博多長」

江戸時代から博多近郊で作られていた在来種で、果長が二五〜三〇㌢の大長形群であるが、その来歴は明らかでない。立性で草勢が強く、露地の普通栽培に用いられ多くの系統があった。それらは中生と晩生に分けられ、中生系統は着果が早く、果実がやや細くて果皮が柔らかい。晩生系統は中生より大柄な草姿で着果が遅れ、果実がやや太い。しかし、第二次大戦中に多くの系統がなくなり、戦後は晩生系統が主流になっていた。その後、更に大長形の一代雑種に改良され、生産性が高まり晩秋まで収穫されるようになった。果皮は硬いが肉質は柔らかく種子も少ないので、焼き茄や煮物に好んで用いられる。

「泉中長」

久留米市合川の小塩正人氏が、熊本より導入した「佐土原」系より選抜し、昭和二五年に発表した長形群の品種である。草姿は開張性で、熟期は中生であるが初期の着果が安定し、早熟栽培に普及していた。大型のナスで果色はやや淡いが、果皮が柔らかくて皮ごと食べられ、肉質は緻密で灰汁《あく》が少なく、焼き茄・田楽・煮物・芥子和えに利用され、高品質の定評をえていた。

しかし、戦後も経済成長期に入ると施設園芸の発達と広域流通を目指した産地化が進み、促成栽培が主体になり、「泉中長」は市場から姿を消してしまった。

イチゴ

イチゴは大和言葉である。しかし、古語のイチゴはバラ科の小潅木や多年生草本の果実の総称で、現在のイチゴとは異なる。現在のイチゴは一七五〇年頃にオランダで開発された園芸種で、我が国には江戸時代後期に渡来した。岩崎常正氏の本草図譜（一八二八）にオランダイチゴとして紹介され、現在でもオランダイチゴの和名が生きている。

オランダイチゴはチリイチゴの実生から選抜された。チリイチゴはアメリカ大陸の西海岸に自生している八倍体の原種イチゴである。雌雄異株で雌株だけが大きな実をつける。その雌株が一七一四年にチリからフランスに導入され、土着のバージニアイチゴやシロバナヘビイチゴを混植すれば、大きくて赤い果実をつけることが知られ、各地に広まった。バージニアイチゴはアメリカ東部に自生する八倍体の原種イチゴで、小さいが緋紅色で芳香のある果実をつける。一六二九年にイギリスに導入されヨーロッパに広まっていた。このような状況の中でオランダイチゴは育成され、後にフランスのダッチエンス氏により花粉親がバージニアイチゴであったことが確かめられている。花は両性花で、どの株も大きな鮮紅色の果実をつけるので好評を博し、各国に普及した。

一八世紀に入ると、イギリスやフランスでもオランダイチゴの改良が始まり、大果系品種の育成が相次いだ。「福羽」を産んだ「ゼネラル　シャンジー」は一八八〇年にフランスで開発された品種である。アメリカでイチゴが栽培されるようになったのはオランダイチゴが導入された一八世紀末からであるが、一九世紀中頃から品種改良が盛んになり、有名な「ハワード一七」が一九〇九年、「フェアフアックス」は一九二三年、「ダナー」は一九四五年に育成された。こうして栽培イチゴは世界的にオランダイチゴに変り、イチゴ（ストロベリー）が正式野菜名として使用されるようになった。

我が国では、明治五年に開拓使が欧州からイチゴ苗を導入して試作を始めた。その後、三田育種場や新宿植物御苑でも欧米から多くの品種を導入して試作が行われ、明治中期になって東京近郊でイチゴ栽培が定着した。また、静岡県三保地方では明治三五年頃より早出し栽培が始まり、明治末期には久能山で石垣栽培による促成技術が確立された。この促成栽培に大正一〇年頃から「福羽」が加わり、昭和戦後は「福羽」が主力品種となった。「福羽」は新宿御苑で福羽逸人氏により「ゼネラルシャンジー」の実生から選抜された我が国最初の育成種である。花芽分化が早く、休眠が浅くて促成栽培の要件を満たし、長紡錘形の大果で鮮紅色が美しく、食味も優れている。半世紀にわたって促成栽培の主力品種になり、それを継承した品種には殆ど「福羽」が直接または間接の育種親になっており、我が国の促成栽培の基本品種と言われている（図）。

　露地栽培には「ビクトリア」のほかに、アメリカ系の「モナーク」や「マーシャル」が導入され、昭和になって栽培は増えたが、戦中・戦後は衰退を余儀なくされた。しかし、間もなく復活し、品種にアメリカ系の「フェアファックス」や「ダナー」が加わり、昭和三〇年頃にビニルトンネルの半促成栽培に発展し、生食・加工兼用作型が成立した。

　この頃から公的育種機関で、イチゴの品種生態に関する組織的研究が進み、品種開発が行われるようになった。そして、昭和三五年に「宝交早生」、四二年には「はるのか」など促成栽培に適した品種が育成された。また、花芽分化の促進技術、開花結実を早める定植後の温度管理、越冬中のわい化や株疲れを防ぐ電照やジベレリン処理法などについて、品種との関連で実用技術が組み立てられ、促成栽培は暖地イチゴの主要作型となった。この間は我が国の高度経済成長期で、イチゴの需要が急伸し、交通網の整備や冷蔵輸送によって広域流通が可能になった。これに伴って促成栽培用の品種開発が加速され、昭和五八年に「とよのか」、昭和五九年に「女峰」、昭和六二年に「章姫」など、早生で休眠が比較的浅く、収量・品質の優れた品種が育成された。これらの品種に短日夜冷処理や暗黒低温処理を行って花芽分化を促進し、進歩した温度制御や電照、肥培管理技術を組み合せ、収穫の早進化と長期連続収穫を目指すようになった。

　因みに、イチゴの全国の生産量は、昭和三二年は二万四千トン、昭和四〇年は七万五千トン、昭和四八年は一八万四千トン、昭和五八年は一九万七千トンと急伸したが、その後は横這い状況が続き、平成一五年は二〇万三千トンに留まっている。卸売市場における卸売価格は近年一五〇〇

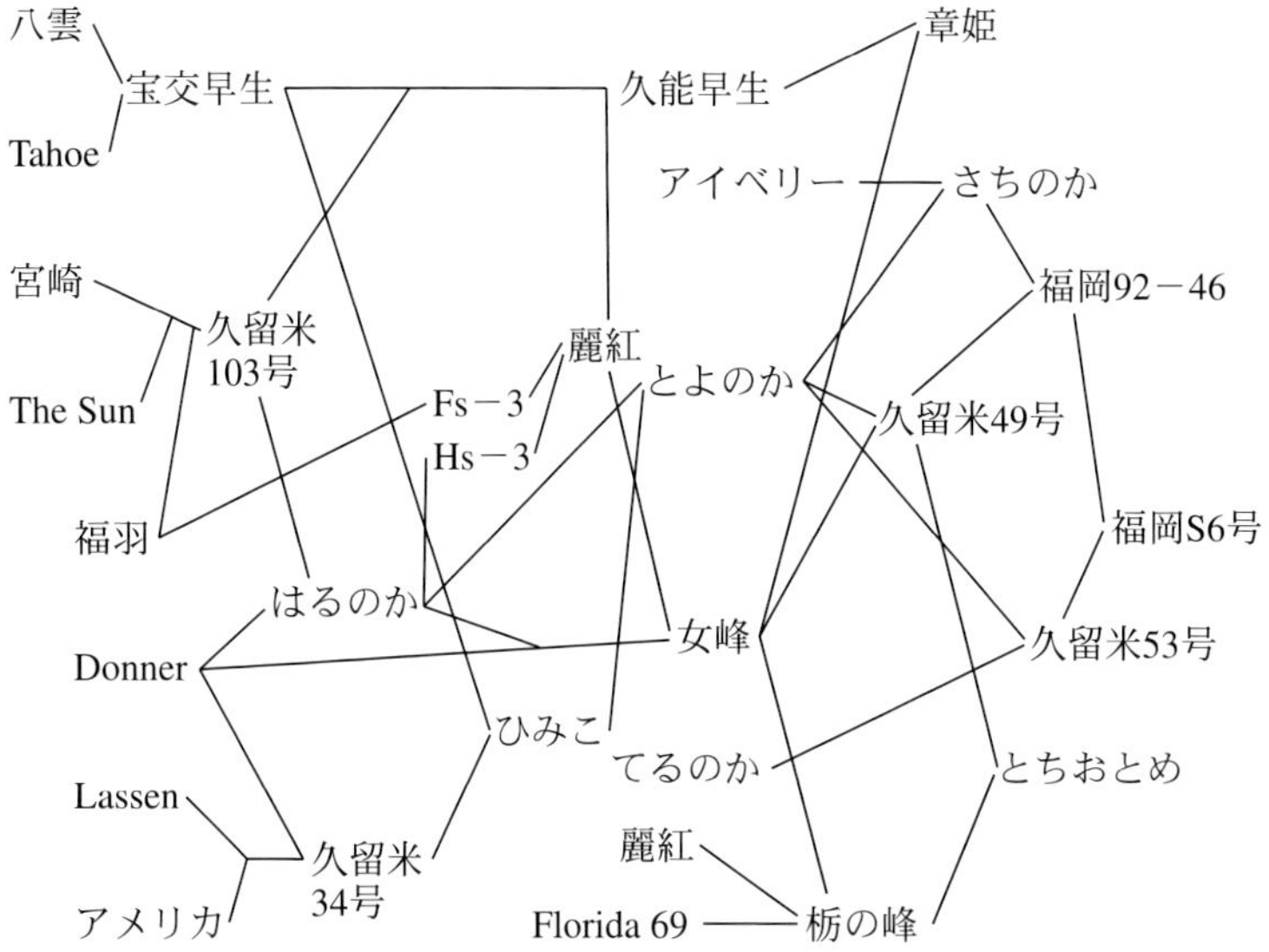

図　促成栽培用イチゴ品種の系譜

億円を超え、果実の部の品目別で第一位を占めるようになった。しかし、需要は横ばい状況が続いていて、産地間競争が激化してきた。産地では高品質でブランド化を目指すとともに、多収で労働生産性の向上に繋がるような品種への期待が高まり、新品種の育成を競うようになった。

「はるのか」

園芸試験場久留米支場で、「福羽」の血を引く「久留米一〇三号」と「ダナー」の交配実生から昭和四二年に育成された。草勢が強く、冬から春まで連続して収穫でき、果実は紡錘形の大果で糖度も香気も高く、輸送性もある。うどんこ病に弱く、果実に光沢が乏しいなど弱点はあったが、水田転換の促成栽培に導入され、本県のイチゴ産業の発展に貢献した品種である。また、苗が育てやすくて花芽分化が早く、休眠がごく浅いことも確かめられ、促成用品種の育種親に利用されるようになり大きな役割を果たしてきた（図）。「麗紅」、「とよのか」、「女峰」など、促成栽培の主力品種はその血を受け継いでいる。

「とよのか」

野菜試験場久留米支場で、「ひみこ」と「はるのか」の交配実生から昭和五八年に育成された。花芽分化は「はるのか」と同程度で早く、休眠はやや深いが花房は連続して形成され、早期収量が多い。果実は円錐形の大果で、光沢のある鮮紅色、ただし日陰では着色が遅れる。肉質は多汁で香気に富み、糖度も高くて食味に優れる。果皮が適度に硬く輸送性もよい。草勢が強く、萎黄病にかかりにくく、本県では「はるのか」に変わって促成栽培に導入され、「福岡S6号」が開発されるまで、主力品種になっていた。

「福岡S6号」（あまおう）

福岡県農業総合試験場の育成品種で、平成一三年に農水省品種登録を出願し、一七年に登録された。「久留米53号」を種子親にし、「福岡92-46」を花粉親にした交配実生から促成栽培で選抜された。

花芽分化は「とよのか」より若干遅れるが、夜冷短日処理や低温暗黒処理で早められる。休眠特性も同程度であるが、電照や温度管理などで冬春期の連続収穫が可能になる。果実は円錐形で大きく、果皮は光沢のある濃紅色で低温期も色付きがよい。肉質は多汁で香気に富み、糖度も高いが酸味も高く、果皮の硬さは「とよのか」と同程度で食味に優れる。平成一四年に〈博多あまおう〉の名称で商標登録され、県内の促成栽培に導入されて主力品種となった。

草姿は「とよのか」よりやや立性で果実の着色もよく、玉だし作業が軽減できる。果房が果重型で大果の比率が高いので、収穫・調整作業が省力化される長所もある。しかし、連続収穫のために電照や慎重な肥培管理を必要とし、また炭疽病や萎黄病などに対する抵抗性がなお不十分である。病害抵抗性を重視し、休眠のごく浅い暖地促成型品種の開発を期待したい。

サトイモ

サトイモは東南アジアのタロと同じ種である。原産地はインドで、ベンガル湾岸の熱帯雨林域の半湿地には今でも野生のタロが見受けられる。古代に東亜半月弧（南中国・インドシナ半島北部の温帯性山地で照葉樹林文化圏の中核地帯）に導入され、焼畑農業の主要作物になったことが考証されている。タロはこの地帯で温帯性のイモ（芋頭）に変容したものと思われる。中国の六世紀に記された農書『斎民要術』には一五品種が挙名されている。照葉樹林文化は稲作以前の縄文時代に中国から日本に伝わってきた。それに伴って温帯性に進化したイモが渡来し、住居の回りで作られるようになった。我が国では、それ以前から山野に自生するヤマノイモを食べていたので、【いえついも（家つ芋）】と名付けられた。それを【里芋】と呼ぶようになったのは江戸時代からである。

熱帯起源のサトイモは抽台・開花に高温・短日条件の継続が必要である。我が国では短日期に高温の継続が足りず、稀に開花することはあっても結実にはいたらない。それでも、〈表1〉のような多様な品種群が栄養繁殖で継承されている。蓮葉芋群、石川早生群、黒軸群などは三倍体で、子・孫芋が多くつき、親芋はえぐくて食用にならず子芋用種である。赤芽群は三倍体であるが親芋にもえぐ味が少なく、唐芋群、八つ頭群は二倍体であるが子芋も適当に多くつき、ともに親子芋兼用種である。筍芋群は二倍体で、子芋が少なく、親芋を食べる親芋用種である。芋の肉質は二倍体の親芋は粉質で、三倍体の子・孫芋は粘質である。そして、親子芋兼用種は倍数性の違いや親芋か子芋かで肉質が微妙に異なり、それぞれの肉質を楽しむことができる。なお、主として葉柄を食べる葉柄用種の水芋群は二倍体のサトイモであるが、蓮芋群はサトイモとは別の種のハスイモで、芋茎《ずいき》の品質にも違いがある。

サトイモは太古から栽培され、主食あるいは準主食にされたこともあり、儀式食としても利用されてきた。多くの子芋や孫芋ができるので、子孫繁栄の縁起物とされ、サトイモを食べて正月を祝う風習は各地で伝承されている。また、旧暦八月一五夜の月を芋名月と呼び、サトイモやクリなどを初収穫して名月にお供えする収穫儀礼の風習は、室町時代に始まったといわれている。
サトイモは煮物野菜としての利用が主であるが、イモ類はカリウムの多いアルカリ性食品で食物繊維を多く含み、肉料理や油脂を使う料理の増えている現在の食生活では、緑黄色野菜とともにその摂取を増やすことが薦められている。〈表2〉に示すように、イモ類の中でもサトイモはカリウムを多く含み、しかも低カロリーである。飽食で病むメタボリック シンドローム対策にサトイモの消費拡大を提案したい。博多には、博多雑煮のほかにサトイモを欠かせない伝統料理にがめ煮やだご汁があり、芋まんじゅうや芋もちなどサトイモが主役の『ふるさとおやつ』が八女地方で継承されている。

「文久早生」

明治三四年頃、旧京都郡今元村文久地区に大分県豊後高田より導入したサトイモに由来する。大正時代に栽培が増え共同出荷されるようになり、昭和三年には県指定の種芋採種圃ができて丸芋系統の選抜が行われ、県内に普及した。
石川早生丸系で子芋用の極早生種である。草丈は低く、葉柄は淡緑色で基部にアントシアニンで着色したえりかけがある。親芋は小さいが、丸型の小芋・孫芋が多く収量は多い。肉質は粘りが強く、貯蔵に耐える。

「八つ頭」

「八つ頭」は親子芋兼用種であるが、親芋と小芋は合体して塊状の芋を形成し、孫芋がえび状に分球する。斉民要術に記載されている「九面芋」に芋の形状は似ており、中国より古代に渡来した品種かもしれない。葉は小型で叢状に抽出し、葉柄は赤褐色を呈する。芋はやや粉質で煮崩れせず、食味が良好である。葉柄は柔らかく、えぐ味も少ないので芋茎《ずいき》に利用される。

「大吉」（別名セレベス）

昭和一〇年に京都大学の玉利幸次郎氏がセレベス島より導入し、一三年に並河功教授によって「大吉（ダイキチ）」と命名された南方系の品種である。
在来の「赤芽」よりも葉数が多くて草丈はやや低く、葉柄の着色が美しい。親芋は楕円形で大型、小芋は丸形で大きく豊満である。肉質はやや粘質。食味、収量は

表1　サトイモの品種分類

品種群	代表品種	利用部位の分類	備考
えぐ芋	えぐ芋･河内芋	子芋用(三倍体)	親芋や葉柄にえぐ味が強い
蓮葉芋	蓮葉芋･早生蓮葉芋･中生蓮葉芋･女早生		孫芋の発育はよいが乾燥に弱い
石川早生	石川早生･文久早生･石川早生丸･鶴の子		早生で子･孫芋の着生が多い
土垂	土垂･早生土垂･中生土垂		草姿が開張し葉先が垂れる
黒軸	黒軸･烏播･太湖芋		葉柄が黒紫で、乾燥に耐え多収
赤芽	赤芽･大吉(セレベス)	親子芋兼用(三倍体)	芽が赤く葉柄も着色、品質がよい
唐芋	唐芋(えび芋)･真芋･女芋	親子芋兼用(二倍体)	えび芋栽培で大型の小芋を収穫
八つ頭	八つ頭		親子合体した芋と葉柄の兼用種
筍芋	筍芋（京芋）	親芋用(二倍体)	晩生、親芋は長く筍状で極粉質
水芋	溝芋･蒲池大水芋･山津水芋	葉柄用(二倍体)	親･子芋も食用になる
蓮芋	蓮芋	葉柄用(二倍体)	サトイモとは別種（＊）

（注）二倍体；2ｎ＝28　三倍体；2ｎ＝42
（＊）サトイモ；*Colocasia esculenta*　ハスイモ；*Colocasia gigantea*

表2　イモ類の食品成分(100ｇ当り)

項目	めし(精白米)	食パン	さといも(水煮)	やつがしら(水煮)	じゃがいも(蒸し)	さつまいも(蒸し)
カロリーkcal	168	264	59	93	84	131
蛋白質ｇ	2.5	9.3	1.5	2.7	1.5	1.2
炭水化物ｇ	37.1	46.7	13.4	20.0	19.7	31.2
カリウムmg	29	97	560	520	330	490
ナトリウムmg	1	500	1	1	1	4
カルシウムmg	3	29	14	34	2	47
ビタミンB_1mg	0.02	0.07	0.06	0.11	0.05	0.10
食物繊維ｇ	0.3	2.3	2.4	2.8	1.8	3.8

（注）五訂食品成分表より

「赤芽」に勝る。昭和戦後に九州農業試験場園芸部の指導で、朝倉郡三輪村の大久保採種組合が種芋を増殖し、各地に普及した。西日本の主要品種である。品種名に「赤芽大吉」の誤用は避けていただきたい。

「蒲池大水芋」

文政年間（一八一八～一八三〇）に旧蒲池村を中心に筑後南部地域に広まった水芋群の系統である。水田を利用し、芋茎《ずいき》用に栽培されてきた。葉柄は基部にピンクが残るが、淡緑色で柔軟である。五月初旬に定植して七月初旬～一一月まで収穫する。一〇月以降は皮を剥いて干物（芋がら）加工されることもある。

サトイモの葉柄は一般に蓚酸を多く含み、えぐ味が強いが、水芋群は蓚酸が少なくて灰汁抜きしやすく、肉質も柔らかくて、芋茎の品質が優れる。おひたし・酢の物・煮物などで美味しく食べられる。水田生態系を利用できる重宝な夏秋野菜であり、ふるさと料理に学んで需要を増やし、生産拡大に繋げたい。

ダイコン

ダイコンの原産地は中央アジアである。中国には二千数百年前に渡来し、広大な国土に広まり図のように華北大根・華南大根・南方大根・華北小大根などの生態型に分化しながら、栽培が普及した。我が国に最初に渡来した栽培ダイコンは華南大根（おほね）である。その後、生態型の異なる品種群が渡来してきて土着し、相互間に交雑がおこり、それに古代から我が国に自生していたハマダイコン（こほね）も関与して遺伝変異を拡大したと思われる（図）。江戸時代には各地で四季折々に栽培されるようになり、それに利用要素が働いて多彩な品種が育成され、明治、大正時代を経て昭和に継承された（表）。

昭和戦後の品種改良は、集団選抜で品種の純度を高めることから始まったが、病害抵抗性を強めて秋・冬ダイコンの生産安定が図られた。夏ダイコン栽培には二年子群を用いていたが、晩生で品質も劣るために「みの早生」が用いられるようになり、「春蒔みの早生」の育成で昭和三〇年代には初夏ダイコン栽培が確立した。この頃から、ダイコンもF_1育種が主流になり品種間交配による生態育種が加速された。四〇年代になるとトンネル利用の春ダイコン栽培が始まり、晩抽性早生品種の育成で春ダイコンが安定生産されるようになった。

抽根性の大きい宮重群は土壌適応性が広く、収穫も容易なために、秋・冬ダイコン栽培に作られていたが、モザイク病に弱く、す入りが早く、青首を嫌う地方もあり、必ずしも主要品種ではなかった。しかし、昭和四九年から市販された宮重群の「耐病総太り」は、病害に強くてす入りが遅く、煮食や切干しに適した肉質と形状の揃いが評価され、【青首大根】の名前で全国的に普及した。その後の青果用ダイコンは「耐病総太り」の形状・品質を目標にして生態育種が行われ、【青首大根】が各作型に普及し、周年生産されるようになった。

ダイコンは澱粉分解酵素のジアスターゼを含み、澱粉質食品と相性のよい野菜である。辛味成分は含硫化合物のイソチオシアーネートで、胃腸の働きを整え、抗菌・抗酸化作用が期待できる。しかも、生で、煮て、漬けて、干してよしの重宝な食材である。切干しは栄養成分が濃縮され、食物繊維やミネラルを豊富に含んでいる。大根

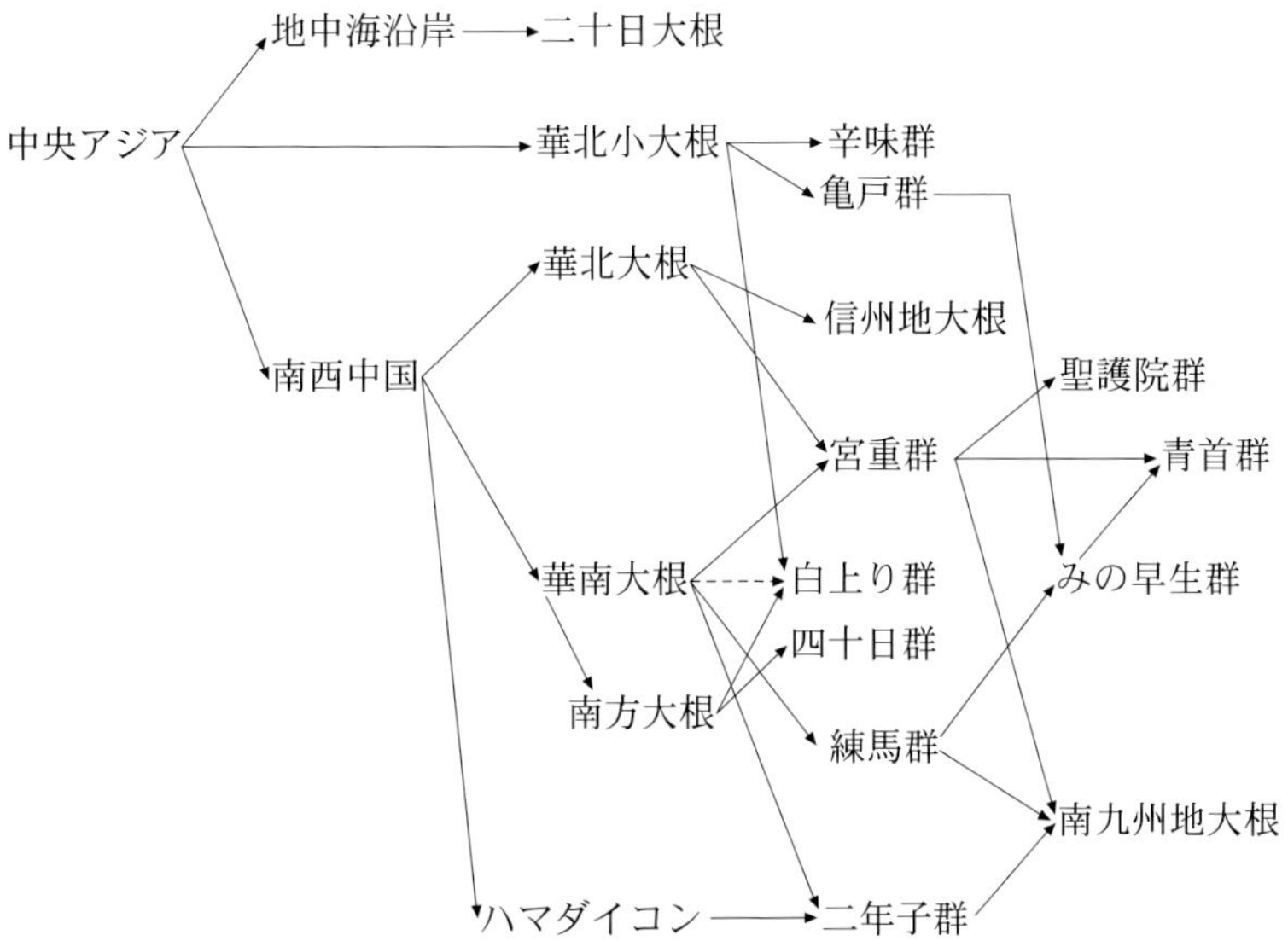

図　日本ダイコンの系統図

表　ダイコンの品種分類

品種群	代表品種
四十日	四十日、博多四十日
辛味	辛味、亀戸、アルタリ
みの早生	春蒔みの、みの早生、みのづまり
練馬	秋づまり、おく丸、中ぶくら、三浦、理想、練馬尻丸、練馬尻細
方領	方領
守口	守口
白上り	白上り京、天満、桃山、横門
宮重	宮重尻丸、宮重長太、宮重総太、白首宮重、耐病総太り
阿波晩生	阿波晩生、小田部
聖護院	早生聖護院、晩生聖護院
東北地大根	秋田、赤筋
信州地大根	ねずみ、親田辛味
南九地大根	桜島、早生櫻島、かじき
春福	春福、三月掘入
二年子	春若、博多春若、二年子、時無、夏

葉も栄養価が高く、ミネラルばかりかビタミン類も豊富な緑黄色野菜で、博多では古くから葉採り専用（コナ）栽培が行われている。

ダイコンの一人当り生産量は昭和一六年に三二キロ、戦後も昭和四〇年には三一キロまで復活し、供給量の最も多い野菜であった。しかし、その後は漸減に転じ、平成一五年には一四キロまで低下し、減少傾向が続いている。近年の消費停滞は食生活の多様化が主な要因と思われるが、広域流通を目指して収量・規格化・癖のない食味・外観を重視した品種選択が優先した結果ではないだろうか。ふるさとの食文化を学び、地産地消で消費拡大に繋げたい。

「小田部大根」

福岡市小田部の毛利耕介氏の育成。大正六年頃に「宮重（東光寺系）」と「練馬尻細」「みの早生」を混植して交雑させ、その後代から白首で皮が薄く、肉質が緻密で軟らかい沢庵用系統を選抜し、大正一四年頃に固定させた。育成経過や特性から阿波晩生群に分類される。

葉は切れ込みに丸みがあり、やや這性《はいせい》。「宮重」より晩生で「理想」よりやや早く、抽根性がある。根は「理想」より小型で首が細く、乾燥しやすい。中漬（塩押し）が高品質で、煮食・生食も旨いので、昭和二〇年頃までは福岡市周辺の秋ダイコン栽培に普及していた。しかしモザイク病に弱く、す入りがやや早いために、その後は市場から姿を消した。その頃から小田部地区は市街化が進みダイコン栽培は急速に減少したが、一部の有志により練馬群の「おく丸」から「大蔵大根」に変り、煮食用秋ダイコン栽培が継承されている。

「博多四十日」

福岡市堅粕や箱崎では明治初期から「大阪四十日」に似た早生の夏ダイコンが栽培されていた。「大阪四十日」は葉が直立して切れ込みが少なく、葉質が柔らかくて毛じも少なく、肥大根は小型で細長い。花成の低温要求度の小さい極早生種で、南方大根の順化型と見られている。「博多四十日」の祖系が「大阪四十日」なのか、南方大根が渡来して土着したのかは定かでない。

「博多四十日」は、その祖系が「みの早生」と交雑し、大正中頃に育成された。生育が早く、初夏播は四五日前後で収穫していた。葉は濃緑色で切れ込みが強く、肥大根は肩がやや張った三〇チセン程度の尖棒状で、根・葉ともに利用できる。福岡市近郊では粕漬用に作られていたが、す入りが早く病害抵抗性にも難点があり、昭和一〇年頃から漸減し、戦後はその栽培は見られなくなった。しかし、生育の早い特長と、軟らかい葉質を活かし、葉採り（コナ）専用種として利用されるようになった。緑黄色野菜として認識が深まり、F_1品種も育成され、ハウスや露地（冬季はトンネル被覆）で周年生産が行われるようになり、葉取り栽培は県内各地に広まっている。

「博多春若」

明治末期に福岡市堅粕に土着していた来歴不詳の冬ダイコンが、大正時代に箱崎に広まり、「博多春若」と呼ばれるようなって県内に普及した。苔立ちが遅く、ハマダイコンの血を引く二年子群に分類されている。

葉は多く立性で緑が濃く、早・晩生の二系統があり、早生は肥大根が球形、晩生は下膨れの長球形で四キロにもなる。吸込みで肌は純白、肉質が締まり、す入りが遅く、秋播で冬から春先まで収穫し、煮食や生食に利用していた。春の端境期を埋める役割を果たしていたが、「大蔵大根」の普及で昭和三〇年代には市場から姿を消した。その後、この品種の晩抽性とす入りの遅い特性を活かした一代雑種「博多四月大根」などが育成され、冬春ダイコン栽培に利用されている。

「アルタリ大根」

「アルタリ大根」は韓国で育成された辛味群の品種である。昭和六〇年代に中原採種場によって二〇〇㌘程度で収穫する極早生の「だるま大根」が導入され、県内で栽培されるようになった。四季播性で、花成の低温要求度は「みの早生」程度であるが、抽台は短日条件下では著しく遅れるので、ハウスやトンネルを利用すれば冬期でも五〇～六〇日で収穫できる。

葉は立性、柔らかくて毛じが少なく、一夜漬は辛味があって美味。肥大根は澱粉を含み、肉質が緻密でキムチで賞味されているが、和風の漬物にもよく、またおろしはきめが細かくて辛味が強く美味である。「だるま大根」は一代雑種に改良されており、病害に強く、連作にも耐えるグルメ大根である。

ニンジン

ニンジンは原産地がアフガニスタンで、西に伝播してトルコが第二次中心地になり一〇世紀に野菜化され、一二世紀に南欧に伝わり、ヨーロッパ各地に広まっていった。一六世紀からオランダ、一八世紀からはフランスやアメリカでも品種改良が行われ、西洋ニンジン（橙黄色のカロテン人参）が発達した。中国には西域から一三世紀に華北に導入され、華中や東北地方に広まった。それらはアフガンタイプの東洋ニンジンである。

我が国には中国で改良された東洋ニンジンが一七世紀始めに渡来した。滝野川大長群（表）は江戸中期に江戸に伝わり、黄色の長根種が選ばれ、関東地方に広まった。金時群は大阪に土着した早・中・晩生系統を含む品種群で、根がリコペンで紅色に着色し、根長三〇～四〇㌢、暖地の夏播栽培に普及した。また、沖縄には黄色の「島人参」が順化している。これら東洋ニンジンは、肉質が柔らかく甘みも香りも高く、食味も優れているが、晩生で抽台が早く、形状にも弱点があり、近年は改良された

表　ニンジンの品種分類

祖系	品種群	基本品種	類似品種
東洋人参	滝野川大長	滝野川大長	赤江
	島　人　参		博多人参、唐湊
	金　　時	金時	いぼなし金時、博多金時
西洋人参	暖地型三寸	玉人参	長崎三寸、横野三寸
	寒地型三寸	スカーレットホーン	砂村三寸、ＭＳ三寸、馬込三寸
		オックスハート	子安三寸、金港三寸
	暖地型五寸	長崎五寸	黒田五寸、新黒田五寸、筑紫五寸
	寒地型五寸	チャンテネー	時無五寸、中村鮮紅五寸、丸山五寸
	F_1 五　寸		向陽五寸（S 40）、向陽２号（S 58）、ベータリッチ（H 7）、初あかね（H 10）、紅あかね（H10）

注：（S= 昭和、H= 平成）は育成年次

西洋ニンジンに置き換えられた。しかし、一部の品種は地方の食文化に支えられ、現在も作られている。

西洋ニンジンの我が国への渡来は一八世紀末で、「羊角人参」と「玉人参」が一八〇〇年頃長崎で栽培されていた。明治になると欧米から著名品種の導入が相次ぎ、そのまま土着した品種もあるが、多くは我が国で改良されて普及した。東洋ニンジンに比べると短根で、土壌適応性が広く、形状が整い、カロテンを豊富に含むこともあって、市場は欧州系ニンジンに占められるようになった。

表に示すように、我が国の西洋ニンジンの五寸群には暖地型と寒地型がある。暖地型は「羊角人参」から色付きのよい「長崎五寸」が選抜され、「長崎五寸」と寒地型の交雑で「黒田五寸」が昭和二二年に育成された。低温に遭うと不時抽台しやすく春播栽培には不向きであるが、耐暑性が強く、秋冬期に根の肥大と色付きがよいので、夏播・晩夏播栽培に適している。地方種を分化しながら各地に普及し、その改良種がこれら作型の主要品種になっている。寒地型の原品種はフランス産「チャンテネー」である。北海道に土着した「時無五寸」を始め、

「早生五寸」「中村鮮紅五寸」などに改良されて普及した。寒地型は不時抽台しにくいので、秋播・冬播・春播栽培向きに改良されている。

短根の三寸群は明治初期に関東に導入された「スカーレット　ホーン」が基本になり、北海道に導入された「オックス　ハート」の血を交えて「MS三寸」「馬込三寸」などが育成された。早生で抽台が遅く、周年的に栽培できるし、短根で土地を選ばないが、裂根しやすく、収量も少ないので栽培は多くない。

西洋ニンジンでは、一代雑種の研究が昭和三五年頃から始まり、細胞質雄性不稔性を利用した「向陽五寸」が昭和四〇年に育成された。これが契機となり、多収性・適応性の拡大・耐病性の強化などを目指してF_1育種が加速され、現在では各作型にF_1品種が普及し、西洋ニンジンで周年供給を確立している。

ニンジンはカロテン含量が最も多い野菜の一つである。カロテンは体内でビタミンAに変り、強い抗酸化活性を有し、細胞の老化やがんを抑制する効果が知られている。なお、東洋ニンジンにはカロテンは少ないがリコペンが多く、リコペンにも強い抗酸化作用があり、がん予防を期待できることが確かめられている。ニンジンは食物繊維やミネラルも豊富に含んでいるし、和・中・洋風のいずれの料理にも用いられ、利用範囲の広い野菜である。東洋ニンジンの利用をふるさと料理に学び、品種を多様化して更なる消費拡大を促したい。

「博多人参」

博多に古くから土着していた東洋ニンジンで、大正末期まではこの地方の主要品種であった。宮崎安貞氏の農業全書（一六九七）にニンジンは「根の黄なるをえらびて作るべし　白きは味も劣れり」とあるが、古来の「滝野川大長」や沖縄の「島人参」、鹿児島の「唐湊《とそ》」も根は黄色の先細り形で、「博多人参」もこれらに似ている。夏播栽培されていたが晩生で抽台が早く、漸次金時群に置き換わり、昭和戦後には姿を消した。

「いぼなし金時」

「金時」に「博多人参」を自然交雑させた集団から、箱崎地区の木村半次郎氏らが選抜を続け、昭和二四年に「いぼなし金時」と命名した品種である。その後姪浜の赤塚榮氏が短根系統の選抜を行い、その系統が「博多金時」の名で普及した。肩の張ったやや大型のニンジンで、「金時」に比べると紅色が美しく、皮目（いぼ）が小さくて肌が滑らかである。肉質は柔軟で甘味と香りがあり、博多ふるさと料理で珍重され、特に正月の食膳には欠かせない野菜である。

前述のように、金時群のリコペン色素にも高い抗酸化作用が確かめられている。草勢が強く栽培は容易であるが、低温に感応して抽台しやすいので、作型が夏播栽培に限られている。今後は金時群でもF_1育種で適応性を拡大し、その食味と色調を活かしてニンジンの消費拡大に繋げることを願っている。

「筑紫五寸」

「筑紫五寸」は「黒田五寸」の選抜系統で昭和三八年に九州種苗㈱が発表した。根長は一六～一八㌢、肩張りがよく尻もつまり、濃橙紅色に着色し、紅芯である。不時抽台しにくいので三月播種のトンネル栽培から晩夏播まで適応し、暖地に普及していたが、近年は産地の多くがF_1五寸群に変ってしまった。

ネギ

ネギは中国西部の原産で、漢民族によって紀元前から栽培されていた。その後、華北から華南地方に広まり、我が国には古墳時代に朝鮮半島経由で渡来し、各地に普及した。古代の人は、ネギの香りは穢れを払うと信じ、神饌にネギを用いた。天皇がお乗りになる葱華輦《そうかれん》に葱花を象った擬宝珠が飾られるのも、橋の欄干の親柱に擬宝珠を被せるのも、同じ信仰と思われる。

ネギには低温あるいは高温に遭遇すると休眠する遺伝変異があり、我が国でも、それを活かして地方種が分化し、普及を伸ばしてきた。西日本の暖地には夏期の生育は鈍いが、冬期の生育が旺盛な冬ネギ型の九条群が分布し、北日本や中部山岳地帯には夏秋期に生育し、冬期は休眠して越冬性を獲得する夏ネギ型の加賀群が土着した。そして関東には、両者の中間型の千住群が成立し普及している（表）。それに伴って、ネギの食文化に大きな地域性を生じていた。葉ネギが西日本で好まれるのは、九条群は秋冬期の温暖気候で分げつが促され、柔らかい葉ネギが得られやすいからである。一方、寒冷地や関東で白ネギ（根深）が嗜好されるのは、加賀群や千住群は夏期に生長し、秋冬期の寒さで休眠に入り、葉鞘部の軟白が進んで柔らかい白ネギが得られるからだと思われる。

しかし、都市化が進み人の交流が盛んになり、食の多様化に伴って、ネギの好みの地域性は薄れてきた。昭和四〇年代に入ると、博多市場に本土の白ネギが入荷されるようになり、後半には大分県西国東干拓地で白ネギ産地が育成された。東西交流を更に促進させたのは、〈博多万能ねぎ〉の空輸作戦である。

ネギは昭和六〇年代に入ると細胞質雄性不稔性を利用した一代雑種が開発されるようになった。今世紀になって中国産白ネギの輸入が急増し、国内産は生産性の向上と品質の差別化が求められるようになり、機械化栽培適応性や商品化率の向上を目指して品種はF1時代に入った（表）。ネギは水炊きやすき焼には欠かせないし、焼き葱や汁の実、ぬたなどにも利用され、用途の広い食材である。しかし、加賀群や千住群のF1品種は、暖地では草勢が持続し葉鞘部の軟白が進まず、食味が課題になりそうである。

博多万能ねぎ（ブランド名）

福岡園芸連が朝倉地方で小ネギの周年生産を確立し、東京市場で〈博多万能ねぎ〉の消費拡大を図ったのは昭和五二年からである。空輸で新鮮な小ネギを出荷し、独特の銘柄宣伝を行ったことが功を奏し、〈博多万能ねぎ〉の広域流通が軌道に乗り、小ネギの消費は全国的に波及していった。

〈博多万能ねぎ〉は肥沃な沖積土のハウスで周年生産されている。品種は冬春期には九条系の地方種を、夏秋期には地葱（岩槻系の地方種）を用いていたが、近年は濃緑色で葉先枯れの少ないF1品種に変り、数品種を組み合わせて周年生産が行われている。軟弱野菜であるが、日持ちを重視した土壌管理が産地技術になっている。小ネギは一〇〇㌘中にカロテンを二二〇〇μ㌘含む緑黄色野菜である。白ネギに比べビタミンCは四倍、その他の栄養成分も白ネギを上回っている。薬味や汁に実としての利用が主であるが、ふるさと料理に学んで、ぬたや鍋物の具としても普及させ、消費を伸ばしたい。

表　ネギの品種分類

品種群	代表品種	類似品種	
		固定種	一代雑種
やぐら葱	やぐら葱		
加　　賀	下仁田 加賀 岩槻	下仁田（長形） 秋田太、松本一本、ぬくもり 会津太、藤崎	なべちゃん（H 14）
千　　住	千住黒柄 千住合黒 千住合柄 千住赤柄 赤葱	元蔵、吉蔵 金長、長悦、宏太郎 東京冬黒、 南部太、遠州 べにぞめ、あかひげ	白羽一本太（H 8）、秀逸（H 10）、夏樹（H 10）、夏扇2号（H 11）、長征（H 11）、夏扇4号（H 14）、羽緑一本太（H 14）、白妙（H 14）、天の剣（H 16） 冬扇一本（H 1）、冬扇2号（H 11）、冬扇3号（H 14）、春扇（H 14） 氷川（S 52）、ホワイトスター（H 15）
晩　　葱	越谷太	吉川晩生太、吉晴	春川おく太（S 61）
株　　葱	坊主不知	向小金、早風	
九　　条	越津 九条太 九条細 一代雑種	越津合柄、越津黒柄 新九条 浅黄、観音、奴	雷山（S 55）、小春（H 1）、寿千黒（H 7）

注：（S= 昭和、H= 平成）は育成年次

こうとうねぎ（商品名）

水炊きやふぐ料理などの薬味に賞用される〈こうとうねぎ〉は〈博多万能ねぎ〉と同様に、夏秋期には岩槻系の地方種、冬春期には九条系を用いていたが、最近は専用の四季播性F1品種が育成されている。栽培はハウス内で行い、砂質土に密播し、葉長一五～二〇センチで収穫して調製し、出荷している。

〈こうとうねぎ〉は、戦前に下関市安岡から出荷されていた〈高等ねぎ〉に由来するとの説がある。安岡は大正時代から野菜の施設栽培が行われ、旧満洲や朝鮮に高等野菜として出荷し、薬味用の葉ネギを〈高等ねぎ〉の銘柄で博多市場にも出荷していた。近年は、その葉ネギの産地は博多近郊に変わり、〈こうとうねぎ〉を博多では〈鴨頭ねぎ〉と書くことが多い。しかし、鴨の字音はオウでコウとは読めない。〈こうとうねぎ〉の名称にこだわるのであれば、〈香頭ねぎ〉か〈鶴頭ねぎ〉が好ましいように思われる。因みに、吸物に入れる柚子の皮や料理に添える薬味を香頭又は鶴頭と書き、コウトウと読む。

明星葱（ブランド名）

久留米近郊では、明治時代から九条群の葉ネギ（中ネギ）栽培が行われていたが、昭和戦後に高良内町で産地が形成され、自家採種の「九条太」で太ネギ栽培も行われるようになった。秋播して三～四月に仮植し、七～八月に定植して秋冬期に収穫する作型と、三月に播種し、八月に定植して冬期に収穫する作型があり、二回程度の土寄せで、白根を適度に発達させて収穫する九条群の伝統的な栽培法である。「九条太」の冬ネギ型の生態的特性に適った栽培で、糖を蓄積した葉鞘部と柔らかい緑色の葉身部が美味しく食べられる。

しかし、昭和四〇年代に入ると、千住群の白ネギが県内市場にも出回るようになり、九条群の太ネギは市場で太刀打ちできなくなった。その一方で葉ネギの周年需要が増えたこともあって、近年は中ネギ栽培に戻り、九条群の在来種と秋播きに晩葱群品種を組み合わせ、三月から九月にかけて播種し、二ヶ月前後の育苗で定植して周年栽培が行われている。因みに、五月定植で七～八月収穫、七月定植で九～十二月、九月定植で一二～二月、一〇月定植で三～四月、一一月定植で五～七月の収穫となる。なお、夏期の収穫には耐暑性が比較的強い「九条細」が適しているが、高良内産地では九条群の土着系統を使い分けて対処し、〈明星葱〉の銘柄で肉質の柔らかい中ネギの周年供給を目指している。

料理家の辻嘉一氏は味覚三昧（一九七九）に「関西の九条葱は、細くて白根が少なく、青葉が素晴らしく長いのですが、柔らかくて全部食べられます。特に霜のおりる頃の切り口からおネバが滲みでる葱の旨さは、抜群であります。」と書いておられる。九条群の葉ネギはカロテンをはじめ、殆どの栄養成分で白ネギに勝っている。これからも温暖化が予想されるので、暖地では白ネギの食味を向上させることが難しくなりそうである。九条太系の品種改良を加速し、中ネギ栽培と併せて太ネギ栽培が復活されることを願っている。

カラシナ

カラシナはアブラナとクロガラシとの種間雑種起源で、原産地については中央アジア説が有力である。芥子粉や芥子油をとる子実用はインドで、茎葉や根を食べる野菜用は中国で発達した。中国には二千年以前に中央アジアから四川省・雲南省に伝わり、野菜として進化しながら中国全土に広まったと推定される。図のように、高菜・多肉高菜群は華南、茎芥子菜・芽芥子菜群は四川省、葉芥子菜群は華中、根芥子菜群は華北で分化したと言われている。

我が国には高菜群が九世紀には渡来していた。新撰字鏡（八九八）に太加奈（タカナ）、本草和名（九一八）に加良之（カラシ）が記載されている。また宮崎安貞氏の農業全書（一六九七）には「此のたねも色々あり、青紫白の三色あり、又高ながらしとて茎甚だ高く枝葉ことの外さかえ・・・」と記されており、江戸中期には高菜群や葉芥子菜群が普及していたことがうかがえる。なお、多肉高菜群の導入は明治中期である。

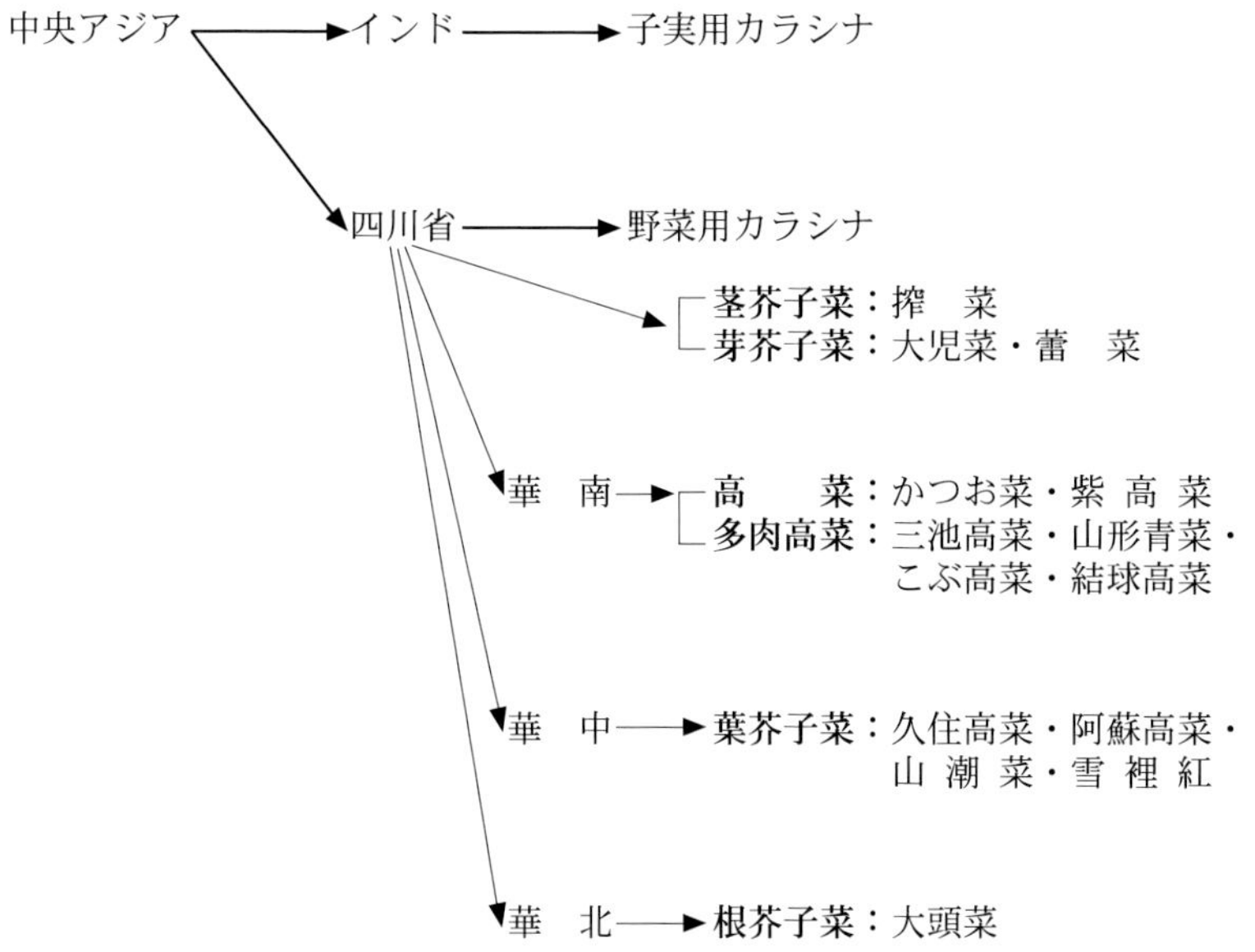

図　カラシナの品種分化

表　カラシナの食品成分

項目	からしな生葉	からしな塩漬	たかな生葉	たかな塩漬	こまつな生葉	ほうれんそう生葉
K　mg	620	530	300	450	500	690
Ca　mg	140	150	87	150	170	49
P　mg	72	71	35	43	45	47
カロテン　μg	2800	3000	2300	3600	3100	4200
ビタミンC　mg	64	80	69	30	39	35
ビタミンE　mg	3.1	3.2	0.8	1.4	0.9	2.1
食物繊維　g	3.7	5.0	2.5	5.2	1.9	2.8

注：五訂食品成分表より

このようにカラシナ類は古代から渡来し、多様な品種が導入され土着しているが、加工用栽培以外は家庭菜園での栽培が主である。栄養価の高い緑黄色野菜であるのに地方野菜に留まり、農水省統計表にも取り上げられていない。しかし、福岡では「かつお菜」「山潮菜」「三池高菜」がふるさと野菜として親しまれており、新に芽芥子菜群の〈博多蕾《つぼみ》菜〉が選抜され、柳川地方中心に普及し始めた。

カラシナは漬物にしての利用が一般的で、新漬でも食べるが多くは抽台《ちゅうだい》始めに収穫し、本漬にして利用している。しかし、本県のふるさと料理では、生長期の柔らかい葉や茎を活かして、和え物、煮物、炒め物でも食べている。

表のように、カロテンを多く含み、食物繊維の多い緑黄色野菜である。ビタミンE・Cなども多く、辛味成分は含硫化合物のシニグリンで、抗がん性や老化防止が期待できる。葉酸や鉄なども豊富に含み造血作用も期待できるなど、機能性成分にも優れており、消費拡大を促したい野菜である。

「かつお菜」

博多地方に古くから土着している高菜群の地方品種で、煮食用に改良されたふるさと野菜である。その名称は、「かつ」が「勝つ」に通じる縁起を担いだ名とも、またかつお節に似た味のよさに因んだ名とも云われ、博多の雑煮には欠かせない。

葉は倒卵形で縮みが多く鮮緑色を呈し、中肋が丸みを帯び、立性である。近年は中肋の広い「広茎かつお菜」が普及しており、耐霜性の改良も進んでいる。初秋に播き、晩秋から春に節間が少し伸びるので、下葉から摘み取って収穫する。肉質が軟らかく、可溶性蓚酸も少なくて灰汁が弱く、グルタミン酸やアスパラギン酸など旨味のアミノ酸を豊富に含み、鍋物や和え物に適している。

このようなかぎ葉での収穫は、晩秋から四月まで続けられるように改良されているが、昨今の需要は年末・年始に集中している。高い抗酸化活性が確かめられている緑黄色野菜で、量的に摂取しやすい鍋物や和え物に適しているだけに、春までの消費拡大を期待したい。

また、かつお菜は浅漬も薄めの塩味とマイルドな辛味で美味である。以前はとう立ち後に根元から切った『さし切り』が売られていて、これを本漬にして利用した、ごりょんさん達が多かった。

「山潮菜」

葉芥子菜群で、筑後地方のふるさと野菜である。享保一〇年（一七二五）に久留米市北野町の筑後川河川敷で見付かり、山潮（山津波）に流されてきたに違いないということで、「山潮菜」と名付けられている。筑後川の山津波が運んできたとすれば、上流の豊後国に普及していたことになる。確かに大分県側でも、葉芥子菜は古くからの伝統野菜で「久住高菜」の名前で知られており、参勤交代の武士が持ち帰ったことになっている。

「山潮菜」の葉はさじ形で鮮緑色、葉柄が細くて切り口が丸く、小株である。比較的低温に強く、九月下旬から一〇月に播き、とうの伸び始めが収穫適期とされ、播種後五〇～八〇日で収穫している。土壌は、耕土が深く排水のよいことが望ましいが、病虫害が少なく栽培は容易である。

主として茎葉ともども三～四％の低塩分で漬け込む浅

漬用で、芥子油の香り、わずかに粘りのあるとろみと新鮮な色調が好まれ、「あぎおち菜」の名で親しまれている。あぎはあごの古語で「あごが落ちるほど旨い菜」である。ところが近年、山潮菜漬に肝心の辛味が弱くなり、種子に問題ありとの声が聞かれるようになった。辛味成分の強弱が系統で異なるのも事実であるが、肥培法にも問題がありそうである。特に、窒素肥料の効かせすぎは避けたがよい。

筑後地方では、生菜を油揚げと一緒に炒める「かぶやき」や、茹でて白和えやごま味噌で和える「よごしもん」もふるさと料理である。

「三池高菜」

野沢菜、広島菜、高菜が三大漬菜といわれている。その高菜を代表するのが「三池高菜」で、多肉高菜群の品種である。渡来は比較的新しく、明治三〇年代に中国から葉肉が厚く中肋の広い「青菜」が導入され、和歌山・山形・福岡県下に普及した。福岡では「柳川高菜」になり、「柳川高菜」が佐賀県相知町で在来の「紫高菜」と交雑し、「相知高菜」が生まれ、その「相知高菜」が里帰りし、篤農家や立花家農場により、中肋が広く、収量の多い晩抽系統の選抜が行われ、「三池高菜」に改良された。「三池高菜」の名前が知られるようになったのは昭和七～八年からで、三池炭坑の活性化に伴って需要が増え、瀬高町を中心に水稲裏作で作られ、ひと頃はその栽培が一千㌶に達していた。

現在は漬物業者との契約栽培が主で、九月下旬～一〇月上旬播種、地床で育苗して一一月中～下旬に定植し、収穫は四月の抽台が始まる直前に行っている。「三池高菜」は葉質が硬いので高塩分で漬け、べっ甲色に変った古漬での利用が主であった。しかし、食生活の多様化や漬物の低塩化志向が進み、食べ方が変わってきている。食塩一二％で漬け込んだ古漬高菜を塩抜きして調味液に漬け直し、小袋詰して製品化した「味付け高菜」や、刻んだものを炒めて製品化した「きざみ高菜」などで利用されるようになった。また、三％程度の低塩分で漬け、水が上がれば袋詰めして冷凍する「新高菜漬」も好まれている。

博多蕾菜《つぼみ》（商品名）

〈博多蕾菜〉は近年中国より導入された芽芥子菜群の選抜系統である。平成一八年頃からJA柳川管内で栽培が始まった。大型のカラシナで葉は鮮緑色を呈し、柔らかく、抽台する主・側茎が花芽集合体とともに短縮肥厚する。肥厚した花茎が炒め物・揚げ物・酢の物などに利用される。辛味はマイルドで旨みがあり、和・中・洋風の多様な料理に合い、歯切れ感と新鮮な食味が楽しめる。

栽培は温暖な平坦地の冬作に適しており、耐湿性もあるので水稲裏作に導入できる。九月中旬～下旬に播種、連結ポットで育苗して二～三葉期に定植し、二～三月に収穫している。なお、家庭菜園などでは密植し抽台前に株ごと抜取り、葉質を活かして株菜としても利用できる。栽培は容易で漬物ばかりでなく煮物にも適しており、多様な用途が期待できる緑黄色野菜である。

その他

「八媛在来」カボチャ

「八媛在来」はニホンカボチャの八女地方在来種である。耐暑性は強いが、高温・長日条件下では雌花が少ないので、七月中～下旬に播く露地抑制作型で栽培されている。モザイク病やうどんこ病に抵抗性で粗放な栽培に耐える。果実は小型のひさご形、果面が平滑で斑紋も少なく濃緑色であるが、成熟に伴って白粉をふき黄褐色に変わる。果皮が薄く、果肉は粘質で甘味があり、煮付けや味噌汁、伝統的なだんご汁の具に用いている。また、白味噌や薄口醤油で味付けする和風スープが美味である。

ニホンカボチャはメキシコの中～南部原産で、アジアへの伝播は一六世紀である。高温多湿な気候に適応し、熱帯から温帯まで野菜として普及している。我が国へは一五四九年にポルトガルの貿易船がカンボジア産を豊後国の大友宗麟に献上したのが最初の渡来とされている。一五七三年に長崎にも導入された。それらが一七世紀に日本各地に広まり、救荒作物としても奨励され、多くの地方品種が育った。カボチャの別名『ぼうぶら』はポルトガル語のアボボラに由来し、九州の方言である。

しかし、「八媛在来」のように、果実が長く外皮が平滑なニホンカボチャは、中国では知られているが、南蛮渡来の我が国の品種には見当たらない。宮崎県の「夕顔カボチャ」や沖縄県石垣島の「島カボチャ」が類似するが、いずれも来歴は不詳である。ところが、博多の聖福寺の仙崖和尚が一八三五年に長ぼうぶらの画を描いている。小郡地方の在来種で戦中・戦後の食糧難を救った「鶴首」も来歴不詳の長果である。博多に江戸時代に中国から長カボチャが渡来したのかも知れない。

ニホンカボチャは暖地に適応した果菜である。しかし、粘質な肉質が難点となり、生産の主流は昭和五〇年頃からは粉質で甘いセイヨウカボチャに変わっている。軽労・低コスト栽培が容易で、大きさも手ごろな「八媛在来」の品質をふるさと料理との関連で見直し、ニホンカボチャの再生を図りたい。

ニガウリ【にがごうり】

ニガウリが全国に普及したのは、最近のことである。長寿県沖縄の代表的な夏野菜として紹介され、高い栄養価や機能性が明らかになり、詳細に伝えられたふるさと料理が、温暖化傾向が強まるなかで多くの市民の共感を呼び、今日の需要拡大に繋がったものと思われる。

ニガウリは熱帯アジアの原産である。高温多湿な気候に適し、乾燥にも耐え、熱帯圏では重要野菜になって普及している。中国には明の時代に華南に伝わり、華中・華北に広まった。我が国には中国から一六世紀末に渡来したが、独自の交易を行っていた琉球王国には、それより早い時期に入ったと推定されている。野菜としての栽培は沖縄や九州の一部の地方に限られ、本土では近年まで日陰を作る遮光植物としての利用が主であった。夏場は瓜類に事欠かなかったし、真夏の湿熱が食に苦味を求めるほど厳しくなく、ニガウリは敬遠されたのであろう。沖縄では、その風土に適応する夏野菜が乏しく、苦味のマイルドなゴーヤーを選び、その苦味を受容する食文化を育み、主要野菜として定着させていた。

福岡ではニガウリをにがごうり、またはにがごりと呼んでいた。筑後川流域のしぎ焼や、奥八女のこかけはにがごうりが主要な食材で、切干しで冬にこかけを作る家庭もある。ふるさと料理に好んで用いられており、江戸時代から栽培されていたと思われる。

ところが、福岡の在来種は緑黄色の中長~長形果で、沖縄のゴーヤーに比べると苦味がかなり強い。しぎ焼やこかけで苦味を押さえる調理がなされてはいたが、好き嫌いのある野菜であった。しかし、平成のニガウリの消費拡大はいち早く伝達された。それに伴って苦味のマイルドなゴーヤーが出回るようになり、在来種は自家菜園から姿を消し、ゴーヤーの産地も育っていない。博多の伝統野菜であったにがごうりをゴーヤー群の品種にかえ、ニガウリを地産地消の拡大に役立てたい。

フジマメ（鵲豆・藤豆）

筑後南部のクリーク地帯では、五月にフジマメを堀岸に植え、柳の木などに誘引して育て、七月~一〇月に若莢を収穫する。収穫した若莢は、白和えやよごしもん、魚のあと炊きなどに用いる。畑地の少ない水田地帯で堀岸利用に適した夏秋野菜として、今も継承されている。

フジマメの原産地については、インドなど諸説があり結論は得られていない。熱帯・亜熱帯アジアに広く分布し、種子も食用にされるが、若莢が野菜として利用されている。我が国へは、隠元禅師が来朝（一六五四年）の折に導入したと言われ、関西地方では【隠元豆】と呼んでいる。隠元禅師は興福寺（長崎市）の住職を勤められたこともあり、筑後地方のフジマメがそれに由来することも考えられるが、現地では【南京豆】が通称になっている。別のルートで中国より導入され、堀岸野菜として定着したのかも知れない。

フジマメには蔓性型《つるせいがた》と叢性型《そうせいがた》がある。筑後南部に普及しているのは蔓性型で、親づるは子づるを伸ばしながら三~四㍍に伸び、葉腋に長い総状花序を形成する。開花は下位節から始まり上位節へ及ぶ。花は白色または紅紫色の蝶形花で、和名はその形状がフジに似ていることに因んでいる。莢は五~一〇㌢の広三日月形で平たく緑白色が多いが、紅紫色に着色する系統もある。食品成分はサヤインゲンと同程度で、栄養価の高い野菜である。

生育適温が二三~二五℃の高温性であるが、一三℃位までは生育を続け比較的低温に耐える。花芽形成は元来短日性で晩夏からの収穫になるが、七月から収穫できる日長不感受性の系統も知られている。温暖化傾向が続く中で栽培容易な夏秋期のマメ科植物だけに、需給を伸ばしたい野菜である。しかし、フジマメの特有の匂いと食味に馴染めない人も多く、地方野菜に留まっている。その調理を、この地方のふるさと料理に学び、品質選抜を行って需給の拡大を検討したい。

「改良博多」カブ

農業全書（一六九七年）に「蕪は多く徳分ありて大根におとらぬ菜なり」と記されている。江戸時代にはダイコンに匹敵する重要野菜になっており、救荒作物として利用されたこともあって、カブは多くの地方品種が分化している。原産地は西アジアで、作物化はアフガニスタンとヨーロッパの二元説が有力である。中国には二千年前にアフガニスタン系が四川・雲南省に伝わって普及した。我が国へは古代に中国よりアフガニスタン系が渡来し、それらがキョウナと交雑して和種系カブになったと考察されている。和種系カブは主として西日本に普及し、中部地方を含む東日本には洋種系カブや洋種系と和種系との雑種カブが土着している。洋種系カブは古くはシベリア経由で渡来し、江戸時代からはヨーロッパより直接渡来してきた。

「改良博多」カブは、福岡市箱崎の木村半次郎氏が大正六年頃から「聖護院」カブを、自家採種を繰り返して栽培し選抜固定した品種で、その過程で江戸時代から博多で作られていた「博多据」カブの自然交雑があったと推定されている。昭和二四年に名称登録品種に登録され、「博多据」に変わって普及した。

その祖系の「聖護院」も、それに交雑した「博多据」も和種系で、草姿が立ち、葉は毛茸がなくて軟らかく欠刻も少ない。「改良博多」は腰高の扁平球で抽根し、直径一〇㌢程度を標準とした中カブである。純白の白カブで肉質が緻密で柔らかく、粕漬や煮食に適している。「博多据」より生育はやや遅れるが、耐寒性が強く、す入りが遅く、厳冬期から春先まで出荷できるのが魅力となり、九州一円に普及した。しかし、この品種もモザイク病に弱かったので、昭和五〇年頃からは和種系の一代雑種でモザイク病に抵抗性の「耐病ひかり」カブなどに変わり、現在では地方品種に留まっている。

八木山三尺　昭和２年、飯塚市八木山に導入された支那三尺の選抜系統（農業総合試験場提供）

近成四葉（藤枝國光撮影）

久留米落合Ｈ型（藤枝國光撮影）

ナス

博多長（中原採種場提供）

筑陽（全農ふくれん提供）

福岡S6号(あまおう)の高設栽培〈上〉と収穫した果実(寺田秀三撮影)

〈上〉**文久早生**（藤枝國光撮影）　〈下〉**大吉**（農業総合試験場八女分場提供）

ダイコン

博多四月大根（中原採種場提供）

はかた大根（コナ）
（寺田秀三撮影）

ダイコン

だるま大根
（中原採種場提供）

ニンジン

島人参（山﨑信一提供）

ニンジン

博多金時
（中原採種場提供）

黒田五寸（中原採種場提供）

ネギ

博多万能ねぎ(寺田秀三撮影)

ネギ

〈左〉**こうとうねぎ**
〈下〉**明星葱**
（寺田秀三撮影）

カラシナ

〈右〉**山潮菜**
〈下〉**三池高菜**
（寺田秀三撮影）

博多蕾菜（福岡県園芸振興課提供）

かつお菜（寺田秀三撮影）

その他

〈上〉「八媛在来」カボチャ 〈下〉「三毛門」カボチャ（藤枝國光撮影）

〈右上〉**ニガウリ**（ゴーヤー：中長）〈左上〉**ニガウリ**（八女在来）（藤枝國光撮影）
〈 下 〉**フジマメ**（南京豆）（寺田秀三撮影）

山東菜（ハザ）
（中原採種場提

〈 上 〉**フダンソウ**
〈下左〉**「博多中葉春菊」**
（ハイカラくびり＝明永秀忠作）
（寺田秀三撮影）

「改良博多」カブ（中原採種場提供）

【コラム①】 残そう、残ってもらうぞ！ 博多伝統野菜農家

昭和三五年三月、福岡大同青果㈱が創立された頃、福岡市近郊にも生産に意欲的に取組む園芸農家が多く、軟弱蔬菜は品目数、品質、鮮度も良好であった。筑紫、筑後平野には筑後川という大きな河川があり、豊富な沖積土が肥沃な農地を育み、他の地域からの供給を必要としなかった。

福岡市場では、近郊生産農家が自ら市場に青果物を持ち込み、配列していた。出荷時間帯が同じことから、競合する生産者同士が毎日顔を合わせ、お互いの青果物を品定めし、せり価格も比較・検討することから、競争意識が芽生え、お互いに切磋琢磨し、毎日が品評会であったことが、素晴らしい生産物を醸成した源であった。

時は移り、食生活の欧米化、多様化、小売構造の変化などもあり、生産販売も画一化され、大量生産、大量販売で全国同一化された。農産物も工業製品等と同様の考え方で扱われ、大型量販店の店舗展開の拡大と共に、個人出荷中心の近郊一般野菜が市場価格の中で低迷し、博多伝統野菜生産の減少が顕著に現れている。

私は懐かしい博多の伝統野菜の復活を願い、ハザ（丸葉山東菜）は特筆したい。夏期には六〇日から八〇日前後で生育し、施肥は不要に近く、杓子型葉で淡緑色、身立て三〇～四〇センチ、周年栽培で、香りはない。ゆでると緑色が鮮明になる。青菜類がなくなる夏期には重宝され、菜類の冬瓜にも例えられる。料理の工夫次第では現代にも十分通用する野菜である。

もうひとつ、ふだん草がある。暑さ寒さに強く、一年中収穫できる。種類も多く、盛夏型もあり、カロテン、Ca、鉄分なども豊富。加熱する必要があるが、料理の幅が広く、便利な野菜で、当時は偽ほうれん草と呼んでいたほどである。現代は環境問題が大きな問題といわれている時代に、夏場は青菜類が品薄であり、ハザ、ふだん草は「耐暑・耐病性」でかつ豊産性もあり、食味も良く、生産の復活を切に望むものである。

野菜消費量の減少を歯止めするには、日本型食生活の推進、野菜の知識が豊富な八百屋力の活用が急務だと思う。野菜は国内で生産し、特に地場産で独特な個性を持つ伝統野菜は博多の食文化として、将来共に残したい。

（福岡大同青果㈱元役員　稲富睦人）

【コラム②】博多万能ねぎ

京浜市場、東京青果株式会社からの要請を受け、旧朝倉町農協（現・筑前あさくら農協）から出荷したのが、昭和五一年春のことである。

その出荷スタイルは、福岡市場向けであった「小ネギ」の小束（一二〇～一五〇グラム入り）を、ロンネットを使って五キロ単位で包んでいたものを、間に合わせの段ボールに梱包し、五ケース出荷したのが始まりであった。

売るため、売れるための商品形態の考案、それは長さ、一本の太さ、一束の重量の設定、つまり規格作りであった。これは、現在流通しているものの原型であり、現在もなお受け継がれている。

特に出荷名は、市場分類統計では「小ネギ」であるが、商品を「博多万能ねぎ」と命名した。

当初、昭和五一年春、同年秋、翌五二年春と、三シーズンの少量販売において、段ボール三キロ詰めとし、さらに「福岡高級青ネギ」と印刷して出荷していた。

しかし、ネギの白い部分を食する京浜市場の消費者は、青い葉が主体のこのネギに対して「食べるところがないではないか。どこをどう食べるのか」との多くの声。

そのことから、苦肉の策として「サイズによっていろいろな用途に使える、葉先から根元まですべて食べられる、そして栄養豊富なネギ――」ということで、オールマイティ（＝万能）なネギ、「博多万能ねぎ」となった。

さらに食材として、料理として、食文化の発達実態としての「博多の良さ」に惚れ、名称の冠に「博多」を付けさせていただき、その商品が誕生した。

その後、「博多万能ねぎ」の知名度の向上、さらには需要の拡大をみることとなり、福岡県産野菜の県外への出荷品に「博多」の名を付けた「博多シリーズ」の展開へと続いた。

（筑前あさくら農業協同組合代表理事副組合長　森部賢一）

【コラム③】博多の春菊

春菊は、一五世紀中国より九州に渡来したといわれていますが、福岡市東区箱崎地区で早くから栽培されていたものと思われます。

春菊にはビタミン、ミネラル、カロテン、食物繊維が多く含まれており、鍋料理にはかかせない作物であり、博多の水炊きの必需品ともいえます。

福岡の春菊は、北九州地域では大葉、博多地域では立性の中葉となり、中葉春菊の主産地は、福岡市西区元岡にあります。

昭和四四年に、米生産調整の試験実施が施行された事から、福岡市西区田尻町で、転作作物として春菊の研究が行われました。当時、福岡の軟弱野菜産地の箱崎、堅粕などの主産地が減少し、青果市場も新たな軟弱産地を求めていました。

兼業農家が多い田尻町では、春菊組合を結成し、再三の視察や研修会を行い、その結果二五〇〇坪の団地化を達成し、春菊栽培を行う事になったのです。栽培期間が短く毎日収入がある春菊の魅力が生産農家の婦人部の間に広まり、昭和四五年に農地に土を入れる客土事業を実施、品質も一段と向上しました。

昭和四六年には福岡市独自の野菜生産安定事業（福岡市園芸振興協会、現在はJA福岡市・JA福岡市東部・福岡県花卉農協・福岡市で運営）がスタートし、福岡市の園芸振興施策もあり部会員も元岡の各地区に拡大、栽培面積も増加し（現在七・五ヘクタール）、周年栽培で計画性の高い高品質生産地となりました。

JA福岡市では永い間取り入れていた春菊の「博多ハイカラくびり」の荷姿を、全地区に呼びかけラップ姿に改善（平成三年）し、出荷方法も各産地の部会を一本化（平成五年）し販売しています。最近はJA福岡東部、JA粕屋、JA筑紫と出荷規格を統一し、消費者に安定的に供給するように努めています。

平成一七年には生食用サラダ春菊（博多春香《はるか》）も販売を始め、今後も大いに期待できる品目のひとつとして「春菊」は重視されています。

（福岡市園芸振興協会　会長　菰田幸弘）

【コラム④】博多の野菜を守り育てる

消費者の野菜離れが進む中、最近、京野菜や加賀野菜と言った各地の伝統野菜が見直される様になっておりまます。スーパーなどで売られている野菜は今のニーズに合う様に品種改良され、見かけや作りやすさに重点がおかれ、商業ベースで画一化された物ばかりなので、飽食の時代の中、消費者は変わった物、珍しい物を求めております。そこで弊社の取り組みとして、「博多やさい」と銘打って博多の伝統野菜をカタログにおいて紹介しております。たとえば、「博多かつお菜」「博多金時人参」「博多四月大根」「博多長茄子」「博多すわり蕪」などです。今でも時々見かける物も中にはありますが、これらを広く普及させていく事はなかなか大変です。作り方や食べ方を知らない人が多いと思われますので、実際に農家や消費者に使ってもらうには、各方面の人々が協力して栽培方法や料理方法を指導していく必要があります。味や成分や機能性などをアピールし、博多の野菜の持つ本来の良さを感じてもらいたいと思います。

さて、この様な状況の中、我々種屋が裏方としてやらなければならない事は、種子の保存、生産、管理だと考えます。元になる種子が失くなれば博多の野菜を継承していく事は不可能です。また、品種を維持するには、単に保存するだけではなく、時々種子を更新していかなければなりません。採算性などを考えますとなかなか難しい面もありますが、意識的にこれらの事を行う事が大切です。それによって高品質の種子を後代に伝えていけます。我々には博多の野菜の種子を未来へ残していく責任があります。そしてこの博多の野菜を守っていこうとする気運をきっかけにして、もっともっと野菜を好きになってもらい、野菜離れにブレーキがかかり、消費の拡大につながっていけばよいと望んでおります。

(㈱中原採種場開発部長　中原清隆)

博多ふるさと料理と食文化

中山美鈴

「ふるさと料理」とは、地域の風土に育まれ、家庭で受け継がれてきた、ふだんの料理のことをいう。旬の時期には有り余るほどとれる野菜や海藻、魚介類などの食材をむだなく生かしてつくる料理。その地域ならではの食べ方や食材の組み合わせ、調理の工夫があり、あるいは地域の行事と結びついて食べられていて独自の呼び名がある料理。また、伝統野菜などその地域ならではの食材をつかった料理のこともいう。古くは、行事食（ハレの料理や精進料理）だったが、時代とともに日常食になったものもある。歴史の古いものには江戸時代に溯るものもあるが、自給自足中心の時代から戦後になって食材の産地化が始まるとともに食されるようになってきたものなど比較的新しいものも含めて、いずれも地域性が感じられる料理を広義に「ふるさと料理」と呼ぶ。

「ふるさと料理」は、旬の時期にふんだんにとれるものをたくさん食べられる料理である。すなわち食べ飽きないように工夫されている点に一番の特徴がある。昔は日持ちする工夫や保存食にする智恵など、いかに捨てずに食べきるかが最も大切なことだった。農村、漁村に伝わる「ふるさと料理」にはそうした特徴がよく表われている。

都市部に行くと、少し趣が異なってくる。町の人々や商家では、農産物や海産物を買って料理する。それだけに、旬の到来を待つ楽しみがあり、旬の期間存分に食べることになる。今のように年中店に出回る野菜などなかった時代は特に、食材の旬を尊んだ。産地と消費地の関係は、密接で相互関係が深かったのである。

昔は五節句などの季節の節目はもちろんのこと、誕生から結婚、葬儀に至るまで人生の節目を大事にした。そこでは必ず、〝ハレの料理〟がつくられた。行事食には細かな決まりがあり、約束事がある。それは、ひとつひとつに意味がある。そのような決まりを守り、めったに食せなかったものを食べること、そして、そのハレの日を待つ楽しみは大きなものであった。

伝統的な祭りがある地方ほど、行事食も伝わっていたが、現在は祭りや行事は残っても、料理は仕出しをとったり、外食に頼ることが多く、行事食としての料理は衰退の一途をたどっている。

ここ三〇年の間に日本の食卓は急激に変化してきたが、博多も例外ではない。しかし、かつては祭りとともに多くの行事食があり、そしてふだんの食卓にのぼる多くのユニークなふるさと料理があった。つくられなくなって久しいものも多いが、かろうじてつくられているもの、大いに健在なものもある。今でもよくつくられているものには、時代を経て庶民に広く好まれる要素がある。

　また、「ふるさと料理」を通して食材としての「ふるさと野菜」のもつ魅力もまた見えてくる。なかでも博多ふるさと料理の魅力は、長い歴史とともに培われてきた博多っ子の気質によるところが大きいように思う。食文化は、歴史や風土だけでなく、人々が食材とともにつくりだすものだからである。

博多の食文化の歴史と特徴

◇博多の料理の特徴

ハレの料理は、具たくさんのお祭り型

　江戸幕府が享保（一七一六―三六）初年に、全国諸藩に命じた物産調査を受け、元文期（一七三六―四一）にかけて各藩から差し出されたのが諸国産物帳である。筑前・福岡領の記載されたものをみると、十七品種の大根をはじめ、高菜などのつけ菜、黄・白・紫色もあった人参《にんじん》、蕪《かぶ》、牛蒡《ごぼう》、茄子《なすび》（長茄子）、冬瓜《とうがん》、芋類、穀類など、農産物は百八十種類にも及び、特に蔬菜類の品種の豊富なことに驚く。品種の分化が進んでいるのは、それだけ栽培

再現した町人のハレの日の膳。大根と平鰹の膾（なます）、鯛、のびる、竹の子の山椒（さんしょう）味噌かけ、青菜の汁物、小豆ご飯、味噌漬、温酒

雑煮（下左側が博多雑煮）

が盛んだったことを示している。

中国との交易が盛んだった十五世紀前半、味噌《みそ》や醤油《しょうゆ》、麩《ふ》、素麺《そうめん》、饂飩《うどん》、豆腐などの多くの食材、食べ物がその製法とともに伝来した。最初に上陸したのが博多である。その名残を伝える代表的なものに現在も栽培日本一の高菜がある。『筑前国産物帳』には「むらさきだかな」「芭蕉だかな」の名で記されている。芭蕉だかなとは、かつお菜（カラシナ科）のことで、博多雑煮に欠かせない。博多を代表するふるさと野菜である。

日本の「ハレの料理」で、ほぼ全国的につくられているもので代表的なものが雑煮である。しかも、地域性をよく残している。行事食が家庭でつくられなくなっていくなか、全国的に健在なのも雑煮だ。同時に、時代とともにもっとも変化してきた料理もまた雑煮である。

かつて家の料理は、代々受け継がれてきたものだった。だが、核家族化が進んだ現代では、結婚によってその流儀は大きく様変わりした。夫方と妻方の出身地が違えば、自ずと雑煮にも違いがある。昔のように、必ずしも夫方の流儀が継承されなくなった。元旦と二日で別々の雑煮をつくるという家もある。両者の力関係によって、吸収合併が進み、なおかつ個人の好みがプラスアルファーされるなどして、その家その家での雑煮が変化しているのが現実のようだ。

福岡でも、厳密にはかつて博多商人の町と福岡城の城下町とでは雑煮のつくり方に違いはあった。「博多」も今は広く福岡市全体を指すようになったが、古くは博多商人の町を博多と称した。博多ではだしを焼きあご（トビウオ）でとり、福岡では焼きハゼだった。だしのよく出る大きさは手のひらくらいのトビウオで長崎・平戸で晩秋から冬にかけて捕れるが、かつては玄界沖でも捕れた。他の地方の雑煮のだしはというと、昆布と鰹節、イリコという地方が多く、熊本では県北部ではスルメを入れ、県南部や鹿児島では焼きエビを使う。

雑煮の具には大根、にんじん、里芋、紅白かまぼこ、

弦書房

出版案内

2025年初夏

『水俣物語』より
写真・小柴一良（第44回土門拳賞受賞）

弦書房

〒810-0041　福岡市中央区大名2-2-43-301
電話　092(726)9885　FAX　092(726)9886
URL　http://genshobo.com/　E-mail　books@genshobo.com

◆表示価格はすべて税別です
◆送料無料（ただし、1000円未満の場合は送料 250円を申し受けます）
◆図書目録請求呈

◆渡辺京二史学への入門書

渡辺京二論 隠れた小径を行く

三浦小太郎　渡辺京二が一貫して手放さなかったものとは何か。「小さきものの死」から絶筆『小さきものの近代』まで、全著作を読み解き、広大な思想の軌跡をたどる。

2200円

渡辺京二の近代素描4作品（時代順）

＊「近代」をとらえ直すための壮大な思想と構想の軌跡

日本近世の起源 戦国乱世から徳川の平和へ

【新装版】

室町後期・戦国期の社会的活力をとらえ直し、徳川期の平和がどういう経緯で形成されたのかを解き明かす。

1900円

黒船前夜 ロシア・アイヌ・日本の三国志

【新装版】

◆甦る18世紀のロシアと日本　ペリー来航以前、ロシアはどのようにして日本の北辺を騒がせるようになったのか。

2200円

江戸という幻景【新装版】

江戸は近代とちがうからこそおもしろい。『逝きし世の面影』の姉妹版。

1800円

小さきものの近代 1・2（全2巻）

明治維新以後、国民的自覚を強制された時代を生きた日本人ひとりひとりの「維新」を鮮やかに描く。第二十章「敦

各3000円

潜伏キリシタン関連本

【新装版】

かくれキリシタンの起源 信仰と信者の実相

中園成生　「禁教で変容した信仰」という従来のイメージをくつがえす。なぜ二五〇年にわたる禁教時代に耐えられたのか。

2800円

FUKUOKA *U* ブックレット⑨

かくれキリシタンとは何か オラショを巡る旅

中園成生　四〇〇年間変わらなかった信仰──現在も続くかくれキリシタン信仰の歴史とその真の姿に迫るフィールドワーク。

680円

日本二十六聖人 三木パウロ 殉教への道

玉木譲　二十六人大殉教の衝撃がもたらしたものとは。その代表的存在、三木パウロの実像をたどる。

2200円

天草島原一揆後を治めた代官 鈴木重成

田口孝雄　一揆後の疲弊しきった天草と島原で、戦後処理と治国安民を12年にわたって成し遂げた徳川家の側近の人物像。

2200円

天草キリシタン紀行 﨑津・大江・キリシタンゆかりの地

小林健浩［編］﨑津・大江・本渡教会主任司祭［監修］　隠れ部屋や家庭祭壇、ミサの光景など﨑津集落を中心に貴重な

◆水俣病公式確認69年◆

◆第44回 土門拳賞受賞

水俣物語 MINAMATA STORY 1971～2024

小柴一良 生活者の視点から撮影された写真二五一点が、静かな怒りと鎮魂の思いと共に胸を打つ。 3000円

【新装版】死民と日常 私の水俣病闘争

渡辺京二 著者初の水俣病闘争論集。市民運動とは一線を画した〈闘争〉の本質を語る注目の一冊。 1900円

8のテーマで読む水俣病

高峰武 これから知りたい人のための入門書。学びの手がかりを「8のテーマ」で語り、最新情報も収録した一冊。 2000円

非観光的な場所への旅

満腹の惑星 誰が飯にありつけるのか

木村聡 問題を抱えた、世界各地で生きる人々の御馳走風景を訪ねたフードドキュメンタリー。 2100円

不謹慎な旅 1・2 負の記憶を巡る「ダークツーリズム」

木村聡 哀しみの記憶を宿す、負の遺産をめぐる場所へご案内。40+35の旅のかたちを写真とともにルポ。 各2000円

戦後八〇年

占領と引揚げの肖像 BEPPU 1945-1956

下川正晴 占領軍と引揚げ者でひしめく街、別府がBEPPUであった頃の戦後史。地域戦後史を東アジアの視野から再検証。 2200円

十五年戦争と軍都・佐伯 ある地方都市の軍国化と戦後復興

軸丸浩 満州事変勃発から太平洋戦争終結まで、連合艦隊・海軍航空隊と共存した地方都市＝軍都の戦中戦後。 2000円

戦場の漂流者 千二百分の一の二等兵

語り・半田正夫／文・稲垣尚友 戦場を日常のごとく生き抜いた最下層兵の驚異的漂流記。 1800円

占領下のトカラ 北緯三十度以南で生きる

語り・半田正夫／文・稲垣尚友 米軍の軍政下にあった当時、島民の世話役として生きた帰還兵の真実の声。 1800円

占領下の新聞 別府からみた戦後ニッポン

白土康代 別府で昭和21年3月から24年10月までにGHQ検閲を受け発行された52種類の新聞がプランゲ文庫から甦る。 2100円

日本統治下の朝鮮シネマ群像 《戦争と近代の同時代史》

下川正晴 一九三〇～四〇年代、日本統治下の国策映画と日朝映画人の個人史をもとに、当時の実相に迫る。 2200円

近代化遺産シリーズ

産業遺産巡礼《日本編》

市原猛志　全国津々浦々20年におよぶ調査の中から、選りすぐりの212か所を掲載。写真六〇〇点以上。その遺産はなぜそこにあるのか。　2200円

九州遺産《近現代遺産編101》【好評12刷】

砂田光紀　世界遺産「明治日本の産業革命遺産」九州内の主要な遺産群を収録。八幡製鉄所、三池炭鉱、集成館、軍艦島、三菱長崎造船所など101施設を紹介。　2000円

肥薩線の近代化遺産

熊本産業遺産研究会［編］　全国屈指の鉄道ファン人気の路線。二〇二〇年の水害で流失した「球磨川第一橋梁」など、建造物・構造物の姿を写真と文で記録した貴重な一冊。　2100円

熊本の近代化遺産 上 下

熊本産業遺産研究会・熊本まちなみトラスト
熊本県下の遺産を全2巻で紹介。世界遺産推薦の「三角港」「万田坑」を含む貴重な遺産を収録。　各1900円

北九州の近代化遺産

北九州地域史研究会編　日本の近代化遺産の密集地北九州。産業・軍事・商業・生活遺産など60ヶ所を案内。　2200円

◆各種出版承ります

歴史書、画文集、句歌集、詩集、随筆集など様々な分野の本作りを行っています。ぜひお気軽にご連絡ください。

☎092・726・9885
e-mail books@genshobo.com

比較文化という道

歴史を複眼で見る 2014〜2024

平川祐弘　鷗外、漱石、紫式部も、複眼の視角でとらえて語る。ダンテ『神曲』の翻訳者、比較文化関係論の碩学による84の卓見。　2100円

メタファー思考は科学の母

大嶋 仁　心の傷は過去の記憶を再生し誰かに伝えることでいやされていく。その文学的思考の大切さを説く。　1900円

生きた言語とは何か 思考停止への警鐘

大嶋仁　なぜ私たちは、実感のない言葉に惑わされるのか。文学・科学の両面から考察。　1900円

比較文学論集 日本・中国・ロシア《金原理先生と清水孝純先生を偲んで》

日本比較文学会九州支部［編］西槇偉［監修］　安部公房、漱石、司馬遷、プルースト等を軸に、最新の比較文学論を展開。　2800円

［新編］荒野に立つ虹

渡辺京二　行きづまった現代文明をどう見極めればよいのか。二つの課題と対峙した思索の書。　2700円

玄洋社とは何者か

浦辺登　テロリスト集団という虚像から自由民権団体という実像へ修正を迫る。近代史の穴を埋める労作！　2000円

干し椎茸、そしてブリが入る。魚は大物になるという意味もあって、大きな魚がよしとされ、明治のころまではアラとタイが本当だった。〝出世魚〟といわれるブリになったのは大正、昭和の初めころからだ。今は、その家の好みでタイやヒラスなども入れたり、あるいは魚は入れないという家さえあるが、昔は一尾買いをして日持ちさせるように塩をして、いろいろの料理に使った。

魚だけでなく具の種類が多いのは、華やかなのが好きな博多っ子の気質の表れであろう。餅中心で比較的シンプルに吸いもの風に食べる東北や、関東、山陰地方などは具はいろいろとは入れない雑煮だが、九州では博多だけでなく、島原の「具雑煮」に代表されるように、具たくさんな地方が多い。ハレの日はとにかく派手に、という「お祭り型」は九州人の特徴であろう。

博多の雑煮は多くの九州の雑煮と同様に吸い物仕立てだが、いくつか独得なところがある。かつて来客の多い商家では、具を串刺しにする家が多かった。博多では商家のおかみさんのことを「ごりょんさん」と呼ぶが、これなども段取り上手の博多のごりょんさんの智恵で、あらかじめゆでておいた具を串に刺しておけば、急な来客でも、すぐに出せるからだ。ハレの料理としての格式を重んじながら、手早くできる。具の種類が多く、魚や根菜類も入るので、煮込むと汁がにごり、魚も生臭くなるのが難点だが、このように下ゆでしておけば澄んだ汁の状態で即座に出せる。餅も最近は焼いて入れるという家もあるが、昔は元旦から焦げ目がつくのを嫌い、必ず煮た餅にした。雑煮椀に串の具を入れて、別のなべで煮た餅をのせ、最後にゆでたかつお菜を加えて汁をはる。

このかつお菜も博多雑煮のもうひとつの特徴である。雑煮に入れる青菜は地方によって異なるが、九州では、京菜や小松菜、白菜、ほうれん草などを入れる。博多では、雑煮といえばかつお菜、かつお菜といえば雑煮というくらい、伝統野菜の「かつお菜」が必ず入る。博多部とその周辺、県内を調べてみると、農村部に行くと魚ではなく鶏肉が入るので、だしも必ずしもあごだしではない。具材の違いもあるが、かつお菜だけは入るという地域は多く、このふるさと野菜の使われる地域だけがちょうどかつての筑前藩の領域と重なるのもおもしろい。

「かつお菜」が雑煮の定番になったのは、江戸時代中期だと思われる。鋳物《いもの》師で黒田藩の年行司役となった柴藤《しばとう》家や、同じく年行司役の鉄屋劉《りゅう》家の年中行事記録に記された雑煮にかつお菜は入っていない。それ以前、当時京菜と呼ばれた水菜が使われた記録がある。何でも上方のものが良しとされたのであろう。町人は、初物を好み、流行や新しいものを取り入れるのが早い。こと博多にあってはそれは気質でもあった。

古くから博多に土着していた「かつお菜」が起用されるようになったのは、いくつかの理由がありそうだ。ひとつは、「勝つ」に通じるかつお菜の名。縁起をかつぐ博多商人にとって、正月の食べ物にふさわしい野菜となった。縮れた幅広の葉は美しい緑でやわらかく、しかも箸で餅を包みこむようにして食べるのに、実に都合がいい。それになおかつ、味がいい。かつお菜の名の由来は、その風味が鰹にも似ているから。博多っ子が好んで雑煮に入れ、やがては欠かせないものになったのも、やはりこの独得なおいしさが一番であろう。

根菜類を多用し、鶏肉の旨みを生かした料理が多い

博多の郷土料理として知られているのは、鶏のなべ料理「水炊き」がある。そして、根菜類を鶏で煮しめた「筑前煮」。筑前の名がついているのは筑前・博多のふるさと料理「がめ煮」が元祖だから。そして、博多で不動の人気をもつおにぎりが、「かしわ飯」である。鶏肉をごぼうやにんじん、干し椎茸などとしょうゆ味で炊き込んだもので、博多っ子にはこのご飯ほどなじみ深いものはない。何かあればかしわ飯というくらい。赤飯以上によく炊く。このように博多ふるさと料理のベスト3ともいえるものには、鶏肉なくては語れない料理が並ぶ。実は鶏肉の消費量、福岡市は全国一。博多っ子はそれほどかしわが大好きなのである。

筑前黒田藩では、卵が重要な換金食物だったため、農家に鶏を飼うよう奨励された。江戸時代には「鶏卵問屋」もあり、「和漢三才図絵」（一七三〇）にも卵について「筑前・博多に多出」とある。博多の献上菓子「鶏卵素麺」はそのシンボルだった。博多の周辺部、特に山村では祭りや来客のもてなしには鶏をつぶして刺し身から煮物、汁物、鍋料理、炊き込みご飯などいろいろな料理にしてむだなく使い切った。血は煮てレバー状にし、頭は夜尿症にいいといって焼いて食べさせた。とにかく捨てるの

は羽と鳴き声だけというくらい、部位ごとの料理があり、かしわ料理が実によく発達しているのである。

　ある農家のおばあちゃんは、「鶏は庭野菜のひとつじゃった」と言ったが、その言葉によく表れている。昔のふだんの料理は、野菜ばかりの組み合わせだった。調味料はみそかしょうゆ。鶏肉はそんな淡白になりがちな野菜オンリーの料理に変化をつけた。肉や脂を加えることで味にコクを与える。昔の庶民は肉を食べるといっても、今のようにステーキや焼き肉、とんかつといったストレートに肉をたくさん食べるような、ぜいたくな食べ方などできなかったから、少しの肉でたくさんの野菜をおいしく食べられるようにしたのだ。つまり、肉はだしとりを兼ねていたわけで、要はいかに野菜を食べるか、そしてその野菜を食べるにはどのようにすればおいしく食べられるかが、大いなる問題だったのである。かしわは常に野菜とともにあった。そこから、さまざまなふるさと料理が生まれた。

　農村部には独得な料理も多い。鶏の皮とごぼうだけでつくる「びりんじ」や根菜類に椎茸、こんにゃくなどを入れた吸い物の「鶏汁《けいじる》」、保存食では鶏皮だけでつくる練りみそ風の「かしわみそ」、おもしろいものには、鶏ガラににんにくを加えて甘辛く煮てつくる始末料理「こてがい」、茶漬け風に汁ごとご飯にかける「かけ汁」がある。山間部で広くつくられるのは、なべ料理の「炒《い》り焼き」で、そうめんにかけて食べる「そうめんちり」もある。かしわのちらしずしは今もよくつくられる。農村部では、家庭料理の定番、「肉じゃが」、「カレー」、「スキヤキ」に至るまで鶏肉があたりまえ。博多で鶏料理が多いのは、むしろこうした農村文化の影響を受けたからだと思われる。

　鶏はごぼうとよく合う。これらのふるさと料理にはごぼうはよく使われていて、相性のよさを実証している。鶏肉のだしをきかせて根菜類を組み合わせる料理が発達したのも、博多が古くから食料の集積地だったからであろう。根菜類の消費量が全国的にみても福岡市は高い。多種の野菜、特に鶏に合う根菜類を一堂に煮炊きする料理のバリエーションが多いのは、博多の食文化の特徴だ。具材の多さや彩りで華やかさをだしながら、身近な野菜で気取りなくごった煮風にする手軽さも博多らしく、今日に至るまで健在である理由ともいえる。

〝ケ〟の料理は、気が短い博多っ子らしく、簡単でシンプル

玄界灘に面した博多では、鶏肉とともに魚も多食する。かしわ飯とともにかつての博多では「ハイオご飯」がよく炊かれた。博多でハイオと呼ぶカジキマグロはごぼうやにんじんなどと炊き込みご飯にされ、がめ煮ももとは鶏肉でなくハイオだった。

時代とともに海は埋め立てられてきたが、昭和五〇年ごろまでは、現在の東区箱崎あたりでは海苔の養殖も行われていた。「ポッポ膳」と呼ばれる食い初めの膳につきものの鯛やハマグリも目の前の海で捕れ、どじょう汁や、秋の放生会にはイイダコがつきものだったというくらい、身近な海で魚介類、海藻も豊富にとれた。

博多の名物「おきゅうと」は、エゴノリにテングサなどを少し加え、煮溶かして固めたもので、薄い楕円形を平たくした形で売られている。冷たくしてごまや鰹節、すりおろした生姜《しょうが》などにしょうゆをかけて食べる。博多の朝は、おきゅうと売りの「おきゅうとわ〜い」と言う声で始まったものだった。

博多っ子が魚にうるさいといわれるのも、そんな新鮮な海の幸が手に入りやすかったというだけではない。志賀島から船に乗ってくる行商、通称「カンカン部隊」の女性たちの果たした役割も大きい。大正時代に始まったといわれ、カンカン部隊の名は女性たちが籠《かご》いっぱいの魚を背負い、それでも入りきれない魚をバケツに入れて両手に持った、その姿を呼んだものだといわれている。昭和三〇年代が最盛期で八〇人ほどいた部隊も今は数人になってしまったが、リヤカーをひいて売り歩く姿は原初の商いのスタイルを残していて希少な存在である。

行商の魚はほとんどが生。昭和五〇年ごろまでは博多の忙しい商売人の家を回り、留守なら台所に上がって魚を三枚におろしたり、タコはゆでるなど下ごしらえをしたという。今日あたりはどんな魚が欲しいかわかっているからできたというのだから、博多の町も

おおらかそのものだった。「がめ煮」にかつてはハイオを使ったのも、ハイオご飯やサワラご飯が炊かれたのも、志賀島と博多に共通する魚料理が多いのも、カンカン部隊からの影響があったからである。

魚食文化を抜きに博多は語れないので、主なものだけ例を挙げる。博多の春を告げる「カナギ」や新ワカメは、「ぬくずし」にする。すし飯はあたたかいままに干しカナギ（コウナゴ）と新ワカメ、三つ葉や春菊などの青野菜だけをまぜるだけの、いたって簡単な料理。まさに、手早さが命の即席ずしだ。サヨリが出てくれば、「ワカメとサヨリのちり」にする。サヨリはぶつ切りにして塩をしておき、ワカメはさっと湯通しする。昆布だしでさっと煮ながら二杯酢でたべる。

五月の節句のころ、柿の葉が大きくなるとアブッテカモ（ススメダイ）の季節。おきゅうとともに博多名物だ。子どもの手のひらくらいの大きさだが、ものすごく脂の乗った魚で、これは焼いて食べる。秋になれば、丸干しのアゴが出てくる。さっと焼けば、酒のアテになる。寒がしまってくれば、サバだ。博多っ子なら「ごまさばに切っちゃんない」と頼めば、魚屋はわかる。刺し身をごましょうゆにまぶして食べるだけなのだが、サバはまずこれが一番である。茶漬はいうまでもない。いずれも新鮮な魚あっての料理。そして、どれも即座にできるのが特徴だ。

博多を代表する「ふるさと料理」

博多のふるさと料理には、博多ふるさと野菜がふんだんに使われている。しかも、ひとつの料理に種類多く、たくさんの野菜を使う。栄養的にみてもバランスのとれた、きわめてヘルシーなものが多い。代表的なものを挙げてみよう。

「だぶ」

博多の祝い料理として代表格だった料理といえば、まず「だぶ」である。結婚式を家で挙げていたころには、必ずといっていいくらいつくられていた。なぜ、「だぶ」かというと、汁がだぶだぶになった料理だからだという説があり、お年寄りは「吸いらぶ」とも呼ぶ。根っから

だぶ

の博多っ子は、「らぶ」と呼ぶ。博多っ子は「だ」行がなまって「ら」行になるので、「大丈夫」は「らいじょうぶ」、「どうも」は「ろうも」になってしまうのだ。「らぶ」、こんなしゃれた名前のふるさと料理は他にないだろう。

作り方は、昆布と鰹節でだしをとり、にんじん、ごぼう、里芋、大根、干し椎茸、れんこんなどの材料をサイコロ状に切って、吸い物くらいの味をつけ、最後に葛《くず》でとろみをつける。花麩《はなふ》を加えるのがお祝い料理らしいところで、昔は寿海苔と呼んだ川茸（秋月特産）なども入れ、材料の数を縁起のよいとされる奇数にする習わしもあった。このように材料の名前や数にこだわるのも博多っ子らしいところだ。

この料理の特徴は、材料を小さく切ることと、葛溶きにある。ここで使う葛は昔、黒田藩の献上品として江戸で日本一の折り紙がついた「筑前葛」。一般には葛といえば奈良の吉野葛が有名だが、東京では特に和菓子の老舗など江戸時代から今も廣久葛本舗（九代高木久助）の「久助」が本葛の代名詞になっていることでもその真価がわかる。じゃがいもでんぷんを使用したかたくり粉とは違い、とろみが上品でやさしく、素材の味を実にうまくひきだしてくれる。本葛のみでつくる伝統技術は秋月に今も守られていて頼もしい。筑前の本葛がある限り、この料理の行事食の代表としての位置はいささかもゆるがない。

秋月周辺では、同じ料理が「葛かけ」の名で呼ばれている。もとは、葛の産地を中心に広まっていったと思われる。現在、博多でもこの料理はあまりつくられなくなったのが惜しまれるところだ。博多よりむしろその近郊、宗像や筑豊、糟屋、糸島地方などでつくられていて、法事のときにも欠かせない料理になっている。博多以外の地方では、ハレのときにもつくり、特に今は必ず鶏肉を使うというところが増えたが、博多の「だぶ」は本来、鶏肉を使わないのが特徴。がめ煮と一緒につくることが多いので、味が同じようにならないよう工夫したのであろう。

「がめ煮」

博多ふるさと料理の筆頭としては、よくこの料理が挙げられる。全国的につくられる「筑前煮」のルーツである。そして、博多ではとにかく、今でも何かことがあれば、がめ煮をつくるという家は少なくない。だぶより、ふるさと料理として健在で、学校給食にも出され、惣菜でも売られ、お店の料理でも比較的よく出されていて、もっともポピュラーな料理といえる。

節句や正月、どんたくや山笠などのお祭り、その他お祝いごとや来客時にも昔から欠かせなかった。材料は、ごぼう、にんじん、里芋、れんこん、大根、筍、こんにゃく、干し椎茸などそのときにあるものを使って、鶏肉を加えて煮しめる。青みにさやいんげんや絹さやも加える。とにかく、これだけの根菜類を一堂煮にした料理は、世界広しといえども、類がない。根菜類は〝根《こん》〟がつくので粘り強くあれという意味をこめて、冬に食べるよう、親たちは子どもたちに言ってきかせた。これは、博多のふるさと料理であるだけでなく、今や日本が誇る民族料理のひとつとして自慢していい料理だ。

つくり方も難しくはない。まず、根菜類は乱切りにする。こんにゃくはよく味がしみるように手でちぎる。水で材料を煮て、鶏肉を加えて煮しめ、味付けはしょうゆと砂糖。博多っ子は「かしわ好き」だから、かしわがなければ、がめ煮ではないかというとそうでもなく、葬儀などの急な炊き出しにもつくる。むろん鶏肉は入れず、油揚げを使うが、それもがめ煮と呼ぶ。「がめ煮」は、もとはハレの料理ではあるが、ふだんの料理に毛が生えたようなもので、だから今ではふだんによくつくられている。慶弔いずれもつくるのがこの料理の手軽さ、つくりやすさ、そして万人向けであることを示している。

同じような材料でつくるお煮しめは、行事食らしく材料を見栄えよく大きく切り、ひとつひとつの材料をていねいに煮ていくので手間がかかるが、がめ煮は肩肘《かたひじ》張らずにできる。材料は煮しめの切れ端でもよく、全部をいっぺんに煮るので簡単、しかもその方が味に深みが出て、おいしいのだ。今もこの料理が健在である理由は、そんな手軽さにあるのだろう。

料理の起源は意外に古い。黒田藩時代の戦陣料理、秀吉の朝鮮出兵時代に始まったという説がある。そのときあるものを「何でもがめくりこんで作ったから」とか、昔は亀を使ったからとか、いやスッポンのことをかめと呼んだ、かめが転じてがめになったなど諸説ある。歴史が古いだけに、使う肉も変化してきた。鶏肉をつかう以前にはハイオ（カジキマグロ）、その前にはクジラの赤身を使ったという。中世の時代から商人が活躍した博多には、魚、肉、多彩な根菜類など食材がいつでもふんだんに集まった、そんな商人町の豊かさを物語る料理でもある。

「ぬたえ」、「おすあい」

博多のハレの料理に欠かせないもうひとつが「ぬたえ」だ。がめ煮とセットみたいなもので、祭りや節句など節目になる行事でも必ずつくられてきた。一般には「ぬた和え」だが、博多では「ぬたえ」と呼ぶ。

つくり方は、アジやサバ、イワシなどの青魚を三枚におろし、塩をふり、酢でしめて細く切る。大根は短冊切りにして塩をしてからさっと洗い、魚と酢みそで和え、ネギを散らす。こうとうねぎなら最上だ。「せんぶぎ」（わけぎ）を好む人もいる。夏場はみょうが、針生姜などあしらい、そのときどきの野菜をうまく使ってつくる。

「ぬたえ」に対して、精進に作るのは「おすあい」と呼ぶ。もちろん、生ぐさものは使えないので、魚は油揚げに代わる。法事を家で行うのがあたりまえだったころは、だぶとともにこのおすあいを必ずつくったという。野菜だけでできる料理だ。ご飯は黒豆を炊き込んだご飯にする。

「きゅうりがき」

博多っ子にとって、きゅうりは特別な野菜である。櫛田神社の紋がきゅうりの断面の形に似ているので、山笠の準備期間のひと月はきゅうりを食べてはならないしきたりがある。四〇〇年以上の歴史をもつ祭りだが、これは今ももって厳守されている。この祭りのクライマックス、追い山の行われる七月十四日が終わると、博多の町は梅雨が明けて、暑い夏が訪れる。

きゅうりのおいしい季節の到来でもあり、夏に毎日のようにつくられるのが「きゅうりがき」だ。きゅうりを薄く輪切りにして、塩もみにしてさっと洗い、三倍酢で和える。昔の太い地這きゅうりでも、ウリでもつくる。炒《い》ってすったごまをふりかけるとおいしい。

博多近郊の農家では、この時期たくさんとれるきゅうりを使ってつくられるのは白和えだ。きゅうりは歯ごたえがあった方がおいしいので、少し厚めに切り、塩をして、さっと洗って絞り、水気を完全に切っておく。すり鉢で、炒ったごまをすり、よく水を切った豆腐をくずし入れてすり、味をつける。みそ、砂糖を加えて味をつけ、きゅうりを和えるだけ。火を使わなくてよく、冷たくしていただくのがおいしい。夏の白和えである。酒の肴にもなる。

「にがごうりのみそ炒め」

沖縄のチャンプルー料理とともに知られる「ゴーヤー」（ニガウリ）は、博多でも古くから夏バテに効くといわれ、食べられてきた。博多では「にがごうり」と呼ぶ。その名の通りに、昔のニガウリはとにかく苦かった。沖縄のゴーヤーはぽってりとした肉太で緑も濃いが、博多をはじめ九州在来のものは細長く、色も薄緑。沖縄では豆腐や豚肉と炒めるのがポピュラーだが、博多では昔からもっとも親しまれてきたのは、なすとのみそ炒め。ニガウリもなすも薄めに切って油で炒め、みそ、砂糖で味をつける。

ニガウリはなすと相性がよく、なすをたくさん加えると食べやすくなる。とはいえ、少々の砂糖を加えたくらいで和らぐようなヤワな苦みではないのが「にがごうり」たるところ。子供のころ食べさせられて、この世にこんな苦い食べ物があったのかと驚愕し、その苦みの洗礼を受けることで、味覚は発達していくような気がする。ビールの苦みを知り、酒の味を覚え、いい年になってくると真夏の暑さにはこの強烈な苦みがどこか心地よくさえあると思えるようになるから不思議である。

近年のゴーヤータイプは苦みがあまりなくなって食べやすくなったが、昔のあの苦いにがごうりが懐かしい。焼きなす同様に丸ごと焼いたり、縦割りにして中の種わたをとり、みそを塗って焼いたりもした。ニガウリの食べ方としては苦みを倍加させる料理法で、これは通好みの食べ方といえる。

「冬の水炊き、夏の水炊き」

全国的に知られている「水炊き」は専門店も数店あり、博多名物料理のひとつだが、家庭でつくるふるさと料理としての「水炊き」もある。しかも夏の水炊きと冬の水炊きとがある。つまり、博多っ子は昔から年中水炊きをつくっていたわけだ。

まず、鍋物としてのシンボル、「冬の水炊き」。水をはった土鍋にかしわの骨付きのぶつ切りを入れて強火で煮る。あくが浮いてきたら、弱火にしてきれいにあくをとり、そのまま弱火で煮てスープをとる。おいしさのコツは、このあくとりにある。脂が少しでも浮いていたらすっきりとした味は出せない。博多っ子なら、まずここで湯飲みにスープをとって飲む。塩とねぎだけを加える。こうとうねぎなら申し分ない。

鍋が始まるのはここから。白菜、春菊、白ねぎは必須野菜。そして豆腐、椎茸というぐあいに次々に加えては、火が入る端から各自、ポン酢の入ったお椀につけていただく。橙《だいだい》を絞り入れ、ほんの少しだけ柚子胡椒をしのばすのがおいしさの決め手。野菜たっぷりをかしわと交互にいただき、最後は鍋にご飯を入れる「雑炊派」か、スープをご飯にかける「スープかけ派」に分かれる。

冬の水炊き

さて、「夏の水炊き」はこれとは全く趣が異なる。材料はシンプルで、じゃがいもと玉ねぎだけ。あとはせいぜい豆腐を加えるくらい。つくり方は鍋に水をはり、かしわのぶつ切りと野菜を最初から一緒に煮出す。じゃがいもは大きいものなら二つか三つに切るくらい、玉ねぎも四つに切る。材料に火が通ったら、薄く塩味くらいだけで火を止めてそれぞれのお椀に取り分けて、ポン酢をかけ、汁ごといただく。汗びっしょになりながら、食べることでおいしさが増す。

「あちゃら漬」

この名前の料理は江戸時代にあった。博多固有の料理ではないのだが、庶民に広く長く親しまれてきたのはおそらく博多だけではないだろうか。もしかしたら、博多起源の料理からかもしれない。かつては、「たらわたの煮しめ」とともにお盆料理として家庭でよくつくられていた。漬物というより、季節の野菜を漬けた酢のもの料理で、とうがらしを入れるのが特徴。うりや新れんこんのシャキシャキとした歯ざわりが夏向きで、とうがらしがぴりっと効いておいしい酢の物だ。

語源は、「あちゃらの国からきたとうがらしが入るからついた」という説がある。「あちゃらこちゃら入れるから」という、具材の多彩さを語源とする説もあり、正式には奇数の具にする。

あちゃら漬の材料は、新れんこん、新ごぼう、うりやきゅうり、きくらげ、凍りこんにゃく、昆布、にんじんなど。今でもお盆前になると古くからの商店では、凍りこんにゃくが店頭に並ぶのも博多ならでは。うりやきゅうりは生でよいが、新れんこん、新ごぼうは下ゆでをする。材料は、短冊に切って、だし汁に酢と砂糖、塩少々を入れて加熱して漬け汁をつくり、冷ましてから漬け込むだけ。お盆の間食べられるように、昔は傷み防止に材料をいったん引出して、漬け汁を煮なおして冷まし、また漬けて食べていたという。つくりおきができて、お客さんにさっと出せる一品で、ちょっとした酒の肴にもなるのもこの料理のよさだ。

「けんちゃん」

まるで人の名前のようだが、精進料理でいう「けんちん」がもとの名。九州では、「けんちゃん豆腐」、「けんちょう」などの名で広くつくられてきた。ふだんの料理で、豆腐を野菜と炒めた、炒り豆腐のこと。材料は大根、にんじん、ごぼう、椎茸、ねぎなど。

けんちんの名は、大根を「繊」に切る、「千蘿蔔」（せんろふ）が語源。つまり、大根が欠かせない。これを千六本に切り、豆腐とともに油で炒める。汁物に仕立てたら、けんちん汁。いずれも油を使ってコクを出し、肉は使わないのが基本だ。味付けは、しょうゆと砂糖で、やや甘めにつける。博多では、野菜はそのときあるものを何でも使い、切り方も家庭によっていろいろ。残り物をうまくつかって、手際よくさっとつくれる手軽さが「けんちゃん」という親しみやすい呼び名によく合っている。

ごぼうや椎茸を入れるとおいしく、このときは、だし汁や干し椎茸の戻し汁を加えるとよい。最後に加えるねぎでまた味がしまる。

料理は歴史が古いものほど、その変化も著しい。「けんちゃん」の現代版は、かしわ（鶏肉）を加えたり、卵でとじたり、必ずしも大根を使わず、「うちは、生姜汁を加える」とか「春雨は欠かせない、キャベツを必ず入れて汁物にする」、なかには「かたくり粉でとろみをつける」という簡単だぶ風までであり、家庭での作り方を聞けば聞くほど、実にいろんなヴァージョンがある。これほどいろいろな我家流があるのも珍しい。けんちゃんという料理のおもしろさでもある。それだけ今もよくつくられているということであり、また応用がきくという、「けんちゃん」の万能性、庶民性を物語っている。

「博多雑煮」

博多では、だしは焼きアゴ（トビウオ）、福岡の焼きハゼと対抗するところだが、現代では焼きアゴが主流になった。澄まし汁にして、具にはブリが入る。「大物になる」という意味があり、博多っ子はそういう縁起をかつぐのが好きだ。魚は切り身で、薄く塩をしておき、具材を煮るときに加える。他の具には大根、にんじん、里芋、干し椎茸、かまぼこは紅白で入れ、具の数を奇数にする。もっとも博多らしいといえるのは、青みに博多在来のかつお菜が入ること。

かつお菜は、鰹節の風味がすることが名の由来で、その通りに中肋《ちゅうろく》部分に実にいい風味があって、この香りとともに「ああ、よか正月ばい」という喜びをひたひたと感じるのだ。ちりめん状になった幅広の葉もお餅をうまく包んで食べるのによい。

かつお菜独得の風味はカラシナらしい清新な味わいで、その美しい緑色とともに雑煮のお正月らしい格調をも添えてくれる。今では他県から来た人にもそのおいしさは人気を呼び、今では関東にも知られるようになった。

博多雑煮のつくり方は、まず焼きアゴを一尾ごと、割らずに前の晩から水で戻しておく。煮出さずに、水で戻した方がいいだしが出る。かつお菜は、中肋と葉身を分けてゆでておく。材料の具材はすべて前の晩から切っておき、元旦に包丁をもたないようにした。博多の商家では、さらに来客用にはあらかじめ煮た具を串刺しにしておいた。餅は別なべで煮ておき、お椀に入れて汁をはり、後は串に刺した具とかつお菜を入れていくだけでよい。段取り上手のごりょんさんの工夫で、これがしきたりになった家も多かった。

「福入り雑炊、七草汁」

正月四日の朝、博多では福入り雑炊を食べる。福とはお餅のこと。元旦から三日までは毎朝、雑煮を食べ、お節などごちそう尽くめにそろそろ飽きてきたところで、ふだんの料理に戻らなくてはならない。お供えの小餅を雑炊に入れたり、正月のお供えの昆布やスルメを加えたりする。ご飯も残りなら、汁も雑煮や吸い物の残りを使ったり、具もなんでも正月の残りを捨てないように入れる。ご飯をさっと洗ってつくれば、さらりとしておいしい。

正月七日の朝には、「七草汁」を食べる習わしは全国に伝わっている。広くは雑炊にするところが多いようだが、博多ではみそ仕立てにする。いわゆる春の七草にこだわらず、かつお菜も入る。「七草なずな、唐土の鳥が、日本の空へ渡らぬ内に」と歌いながら、トントン、ストトンと包丁で七草を細かくたたく。もうこんな唄を口ずさむ人もいなくなったが、七草汁を食べる風習だけはなぜか廃れず、スーパーなどでも「七草セット」は売られている。〝縁起もん〟だけにはあやかりたい人が今も多いのだろう。

かつお菜料理

博多っ子に限らないだろうが、昔の人は漬物好き。梅干しに、たくわん、らっきょうは日常的だが、かつお菜も漬物にする。三池高菜、山潮菜と並ぶ三兄弟のかつお菜だが、他の仲間はどれも漬物一辺倒になっていったのに対して、かつお菜は博多では雑煮に使われることで、その旨さと生かし方が広がった。これも博多独得の食文化といえる。

かつお菜は下葉から一枚ずつかいでいき、春先までとれる。カラシナの仲間らしく、少し辛みがあるが、けっして強くはなく、むしろそのかすかな辛みが実にさわやかで、清潔な香り高さを覚える。三池高菜のようにアクがないので、煮物や冬のなべ料理、和え物やおひたしにも使う。ほうれん草や小松菜同様に使え、何にでも合う万能野菜だ。

煮物にするときは下ゆでしておく。中肋の部分は大きく、ここにも旨みがあるので、ゆでるときは葉身と分けてゆでるといい。縮みの多い幅広の葉が独得で、ゆでたものは水にさらさず、巻くようにしてまとめたものを切り分け、そのままでも食べにくいので、縦にも切り目を入れる。厚揚げなどと炊いたり、魚の煮汁で炊くだけのようなふだんのおかずが味も染みて素朴においしい。まとめてゆでておき、みそ汁の具にもする。

かつお菜はなぜか福岡県外には広がらなかった。雑煮の青菜はどの地方にも決まりがあるからだろうが、こんなおいしく利用価値の高い野菜が博多だけにとどまっているのはもったいない気がする。

「いりこぎ」

たくわんは古漬になるとすっぱくなる。夏頃のさいごのころには、カビさえくるが、それでも昔の人は捨てずに洗って、「いりこぎ」にした。四センチくらいの拍子木切りにして、イリコと炒めて、最後にさっとしょうゆをかけ回す。隠し味に砂糖と酒少々加えれば、上等。箸休めによい。漬物の残りは、高菜漬も同様。油炒めにして、ごまを振りかける。これが意外においしい。

「博多ポッポ膳」

博多には、「ポッポ膳」と呼ぶ、愛らしい絵柄のついた足つきの白木の膳で、七五三を祝う習わしがある。一般には、三歳に着物のつけ紐をとり、帯をしめさせる「紐解き」の行事で、このとき初めて箸を持って食べさせる。子供にとっては正式の膳につく大事な節目となる。食い初めの儀式は全国的に行われていたが、博多にこの風習が残ったのは、このお膳をつくる職人さんが健在だからである。

博多の曲げ物師で、福岡市無形文化財保持者の柴田徳五郎さんによれば、五代前にはすでにこのお膳をつくっていたというから、二百年以上は続いている行事だ。曲げ物は、桶が普及する桃山時代からの生活雑器。「ポッポ膳」はその曲げ物をつくる傍らにつくられてきた。松竹梅に鶴亀が描かれ、その絵はきわめて素朴で愛らしい。子供のすこやかな成長を祈るにふさわしい。足の高いのは女児用。女の子は正座をするので、袂が汚れないため。着物が正装だった時代の風習だから、いろいろと料理にも決まり事がある。

塗りの三組の椀とそのふたとを利用して、料理が並ぶ。飯椀には赤飯を山盛りによそい、小さなふたをちょとんとのせ、汁椀にはハマグリの吸い物。そのふたには紅白なます、向う付けのお平椀には煮しめ。そのふたには入れるものは決まっておらず、子供の好きなものを一品添える。

博多ポッポ膳とおひつの曲げ物

煮しめの具は奇数が決まり。椎茸は「立つ」ので縁起がよいと必ず入れる。れんこんは「穴があいているので、見通しがいい」と好む。ついでながら、博多では「れんこん喰う」といえば、先を見通して相手の話にうまく合わせてあげることをいう。

さて、残った根菜類の切れ端で「がめ煮」をつくる。子供の好物には、卵焼きがよくつくられるが、「三切れ」は「身を切る」といってこれは避ける習わしだ。

右横に置く二の膳には、白皿に鯛の一献づけ（尾頭つき）。煮魚と決まっていて、内臓は腹を切らずにエラから出して、そのエラのところに骨をのどにひっかけぬようにと、厄除けにナンテンの葉を挿す、といった具合。これだけの約束事をきちんと守ることが、子供の無事と成長を祈る親の気持ちでもあった。

子どもの食べる小鯛なら、昔は博多湾でもとれたし、ハマグリもとれた。地元でとれるものばかりが並んだのだ。祝事に欠かせないおなますも博多ではよくつくられた。小さな子ども用のお膳とはいえ、そこに並ぶ料理は、一人前のハレの料理を基本にした、博多の料理そのものといえる。

「どんたく料理」

山笠と並ぶ博多の祭りに、放生会と、どんたくがある。どんたく隊が博多の町を練り歩き、踊りゃな損、損とばかりにしゃもじを持って踊る。五月の三、四日の二日、博多の町は大変な人出でごった返す。「祝おうた、祝おうた」と叫び声が上がり、活気に湧くのだ。この日は無礼講。商売をしているところはとにかく大忙し。どんたく舞台が近くにあれば、踊りに行ったり、戻ってきた、接待である。料理も並べ、誰でも食べてよいように、食べやすいものを大皿に盛りつけておく。

料理には特に決まりはなく、すべてその家流。かまぼこやちくわは言うに及ばずだが、かつてはエビを煮たり、唐揚げ、煮しめなどを大鉢に豪快に盛ったりしたものだった。タコときゅうりなどの酢のもの、がめ煮なども食べやすいように串に刺して山盛りにした。

暑さをしのぐのに欠かせないものとして、昔から必ず添えられたのが、夏みかん。初夏のこの時期は汗ばむ陽気で、ことのほかありがたい。これも皮をむいて、砂糖をふりかけておく。そのままたべられるようにと気をつかう。他にはみそせんべいなど、今はなつかしいお菓子が並んだ。

「せんぶぎまげ」

五節句のひとつ、雛祭りは、博多では今も一月おくれの四月三日に行う家が多い。旧暦の三月だから、ちょうど潮干狩のころになる。アサリ貝で貝汁をつくったり、お寿司にちらしたりと春らしい料理にやはり、海の幸は欠かせない。なかでも、博多らしいのは、おばいけ（クジラの皮下の白い脂身）やもだまと呼ぶフカの湯引き。それもなければ、昔はタニシの塩ゆでを添えた。お平に盛り付けて、酢みそで食べるのだが、これに必ず添えられるのが、新ワカメと「せんぶぎまげ」だ。

博多では、わけぎ（分葱）のことを「せんぶぎ」と呼ぶ。二月の終わりころ、せんぶぎが出回り始めると、博多っ子は春が近いなと感じる。せんぶぎは切らずにゆでて、一本ずつひげ根だけ切り落とす。白い根っこの部分はおいしいところだ。その根元の方から三～四センチの長さになるように三つ折くらいにする。折った部分に残りの先端をぐるぐると巻きつける。そして、親指と人差し指とで先端を押すとぷつんと空気が抜け、きれいに巻き付けられる。一口サイズに食べやすいよう、しかも見栄えよく工夫したもので、子供たちはこの巻き方を親から教えられ、手伝わされたものだ。熊本でも同じようにしたものを「ひともじのぐるぐる」という（熊本ではわけぎのことを「ひともじ」と呼ぶ)。

せんぶぎは、ねぎやにらともちがって、青い春の香りが独得だ。すこしぬめりがあって、酢みそによく合う。食感がノビルに似ているので、農村では、ノビルでもつくる。ちらし寿司や吸い物とともに、春らしさを感じる季節料理である。

「なべぐ」

博多では、水炊きだけでなく、日頃からよく鍋料理をつくる。「今日は、なべぐいしょうか」の一言で始まる。冬の料理だが、昔は放生会の幕出しはこれに決まっていた。魚はタイやアラ、カナトフグ、なんでもよく、薄く塩をしておき、大根、里芋、白菜、春菊、ねぎ、かつお菜、椎茸、焼き豆腐などを入れてつくる寄せ鍋だ。昆布と魚だけで旨みをだし、ひたすら魚と野菜と、汁とをいただく。博多は新鮮な魚が手に入るので、こういう簡単な鍋料理がよくつくられた。冬野菜と魚とがおいしく食べられて、飽きのこないのがよさだ。

「にんじんご飯」

「大根飯」はおしんで有名になったご飯だが、白米をあたりまえには食べられなかった時代、どこの地方でも「かて飯」といって、かぼちゃやじゃがいも、さつまいも、里芋など炊込んで節米をした。間引きした大根やにんじんもまた同様だった。

博多には、明治・大正から昭和二十五年ころまで「博多人参」の名で知られた良質のにんじんがつくられていた。現在の住吉はかつて住吉村大字人参畑といい、にんじん畑が広がっていた。その一帯では、間引きしたにんじんをふんだんに炊きこんだ「にんじんご飯」がよく炊かれた。にんじんといって今、思い浮かべるのは、オレンジっぽい赤だが、これは西洋系の品種。博多人参の色は違う。ハレの料理に映える鮮やかな朱赤の京人参や沖縄の黄色くてごぼうのように細い島人参などと同じ仲間で、こちらが東洋系の品種。当時の博多人参も色は朱赤だけでなく、もっと昔には黄色だったそうだ。

住吉村人参畑とは、博多駅前四丁目のあたりで、今はビルの畑だが、そこに往時をしのばせる石碑が残っている。幕末から明治にかけて私塾がさかんだった時代、通称「人参畑塾」の名で呼ばれていた塾があった。後の政治結社「玄洋社」の生みの親で、生涯を男装で過ごしたといわれる高場乱の私塾だ。町名変更によって町の名にもにんじんはなくなり、今はこの石碑が一面の人参畑があったことを伝えるだけになった。

　さて、にんじんご飯は、素朴な庶民のご飯だ。にんじんを拍子木切りにして、イリコと一緒に炊込む。ご飯が赤くなるくらい、たくさんにんじんが入る。炊き込みご飯は、おかずいらずになるように、具たくさんに炊き込む。そうでなくては、節米にもならないからだ。イリコがだし代わりになるので、味付けはしょうゆだけ。イリコはむろん、頭や内臓などとらない。いろいろと具も加えない、にんじんばかりの、ふだんのご飯だ。しかし、それがなぜかほんとうにおいしい。

「盆煮しめ」

　お盆の前になると、博多の魚屋や乾物屋に並ぶのが「たらわた」。タラといえば、棒だらを里芋と煮た京都の「芋棒」が有名でマダラの身を干したものを使うが、九州のは違う。えらと腸をカチカチに干したもので、「たらわた」と呼ぶ。北海道から北前船に乗って運ばれてくる棒だらは高価で、それより下等なたらわたは安くて庶民でも手に入った。博多だけでなく九州の山間部（佐賀、大分、熊本、宮崎）でも広く食されているが、全国にはここ九州だけで食べられている。なかでも、その9割近くは福岡で消費されている。

たらわたと盆煮しめ

　「たらわた」は、見た目にはタワシのような、グロテスクな形をしている。とにかくカチカチに硬く、昔は金槌でたたいて、井戸水で4～5日かけて戻してから料理していた。戻すのに手間がかかるので今はつくる人も少なくなったが、博多のお盆の味としては忘れがたい。れんこん、ごぼう、長ささげなどと砂糖、しょうゆ、酒で甘辛く煮た「盆煮しめ」は、八月十五日の「仏さん送り」の後で食べる習わしだった。町の裕福な商人宅では、たらわたでなく棒だらを使うところもあった。それでもたらわたの俗な味が好きで「しゃっち、たらわたでなからな」と言い、たらわただけで煮る人も多かった。あちゃら漬とともに、博多の夏に欠かせない盆料理のひとつである。

「うどん」

博多っ子にとって、屋台やラーメンは最近の観光名物であって、郷愁を覚えてやまないのは、うどんである。県外に出て行った博多っ子がふるさとに帰ってきて、何が一番食べたいか、何がなつかしいかといって、うどんを挙げる人は多いのである。

生っ粋の博多っ子なら「うろん」と呼ぶ。屋台も、昔はラーメンでなくうどんやにゅうめんを出していた。博多のうどんの特徴はなんといっても、まず腰くだけのやわらかい麺にある。讃岐のうどんのように腰のある麺でなく、とろとろにやわらかい。おなかをこわしたとき、子供にも歯の弱いお年寄りにも、病人にも、風邪をひいて体を温めたいとき、夜食や小腹がすいたとき、食欲はないけど食べられるもの、お酒の後や二日酔いの後にも、これほど万能で、どんなときにも食べられ、愛されている食べ物はない。

そして、博多のうどんのもうひとつの特徴は、「すめ」と呼ぶうどんのつゆにある。イリコやムロアジ、昆布でとり、薄口しょうゆと塩で味をつけ、すっきりとすめごと飲み干せるくらいの味をつける。あとは、ねぎをのせるだけか、せいぜいかまぼこか天ぷら。天ぷらといっても、博多でいう天ぷらは、魚のすり身を揚げたもの。さつま揚げのように、甘くはない。形は平たく、丸ければ「丸天」と呼ぶ。うどん屋で「丸天うどん」といえば、かけうどんに丸天がそのまま切らずに乗っかって出てくる。ちょっと粗野なようにも見えるが、なぜか博多では女性でも気にもせずかぶりついて食べるのだ。ごぼう天うどんは、ささがきや細く切ったごぼうを揚げた天ぷらがたっぷり乗っ

うどん

かってくる。

これは、せっかちで短気、待つのが大嫌いの博多での気質が作らせたのだと思う。とにかく、店に入ってすぐに出せるように、すべて段取りされているためで、だから、うどんもゆでておき、熱々のすめをどんぶりに入れて、揚げた天ぷらはそのまま乗せればよいだけ。店に入ってうどんが出てくるまで、新聞など読む暇はない。

家で食べるときも、ゆで麺を買ってきて、イリコでだしを取ってすめをつくり、ねぎをたっぷり入れて食べるという基本は同じだ。


「かしわ飯」


博多では、祭りや何かの行事、お客があるときなど、必ず炊くのが「かしわ飯」だ。これにお吸い物、ぬたえとがめ煮が揃えば、一応のお膳が出来上がる。二品は鶏肉入りだ。博多のうどん屋でも、必ずといっていいくらいあるのが「かしわにぎり」、かしわ飯のおにぎりだ。いなりずしならどこのうどん屋にもけっこうあるが、かしわ飯の名で不動の位置をうどん屋で保っているのもやはり、博多らしい。

かしわ飯の材料は、鶏の切り身、ごぼう、にんじん、干し椎茸。こんにゃくを加えることもあるが、だからといって、五目ご飯にはしない。あまりあれこれ具を入れないのが、かしわ飯だ。ごぼうはささがき、にんじんも小さく切って、しょうゆと酒、塩少々の味付けで炊込む。五目ご飯なら具はなんでもよいのだろうが、かしわ飯は、だいたいこの具のとりあわせと決まっている。特にごぼうは欠かせない。

また、かしわ飯にはさっぱりとした薄味の吸い物が合う。昔なら、昆布と鰹節のだし汁に、アゴのかまぼこを使った。豆腐だけ、卵だけにねぎや春菊、三つ葉などの青みを浮かべるだけといった、そのときある野菜でつくる。

福岡県内のふるさと料理

「だご汁」

「だご汁」と呼ぶのは福岡、熊本で、大分ではだんご汁と呼ぶ。九州では広く食されているが、一言でだご汁といっても、いろいろとバリエーションがある。もともとは、節米のために小麦粉を活用した代用食で、戦時中や戦後の食糧難時代は毎日のように食べられていた。小麦粉を少しの塩と水でかためにこねて寝かせ、手でちぎりとってだんご状にしてから、それを引き伸ばしながらたぎっただし汁のなかに入れていく。

具は季節の野菜が入る。主に里芋、ごぼう、大根、にんじん、こんにゃく、かぼちゃ、椎茸、これに春なら筍なども加わる。山梨の「ほうとう」は似ているが、こちらはだご（だんご）でなく、太めの麺状に切って入れる。

だご汁

いずれにしてもうどんとの違いは麺をゆでずに入れて煮込み、どろっとしたつゆになること。しょうゆ味、みそ味とあるが、みそ味の場合必ずといっていいくらい、地元でつくられてきた在来のかぼちゃが入る。かぼちゃはみそ味がよくあう。みかけも西洋かぼちゃと違って形も不定形で長く、「ぼうぶら」と呼ばれている。お世辞にも見た目がよいとはいえない。

県内では、在来のいわゆるニホンカボチャで起源も古い「三毛門」や、「八媛在来」などは、もっぱらだご汁の主役だったといっていいくらいによく用いられた。

戦中・戦後は、かて飯として炊込んだり、みそ汁の具や煮付けなど毎日のように食べてもう見るのもイヤだという人も多いようだが、だからといって、消えてなくなることもない。今の甘みの強い西洋かぼちゃにはない、やわらかな甘さとやさしい味わいがある。水っぽいという人もいるが、西洋かぼちゃのかぼちゃスープにしたときの濃厚さに比べても、淡い味つけが合い、ヘルシーな食材といえる。みそ味がよく合い、やはり和の味には和のものが合う。その地のものが合うということかもしれない。

「七ふ和え」

方言がなくては始まらない料理がある。博多で「ふがいい」といえば、運がいいという意味。「そりゃあ、ふのよかことばい」と、喜ぶ。符は古語で、幸運の意。「七ふ和え」は、運のよかごと、「ふ」のつく食べ物を奇数の七つ和えるという料理。志賀島、糸島、糟屋地方など博多の周辺部で広くつくられてきた、厄除けの行事食である。四十四才の厄除けにつくり、地元の寺の境内にある梅の樹の下で宴げを催す。

麩にフキ、ふらん草（ふだん草）、ふつ（よもぎ）、ふく（ふぐ）あるいはフナ、藤の花、フノリなど、とうふの「ふ」でむりやり七つにして、白和えにすることもある。和え物ならなんでもよいので、酢みそ和えでもよい。海の近くならフグも手に入るが、農村ならフナや藤の花を加えるなど、苦労しなくては七つは揃わない。そうやって苦労して集めるところに意味があるのだ。

「芥屋かぶの海水漬」

福岡県西部に位置する糸島半島は、古くから博多へ穀物や野菜を供給する生産地帯だった。玄界灘に面した志摩町芥屋《けや》地区には、在来の赤かぶがつくられている。芥屋かぶは長さ一〇センチほどの小かぶで、上半分は赤紫色をしているが、なかは白い。酢漬にすると表皮の色が染みて美しいピンク色になる。この地方でしか栽培されておらず、またどこにもっていっても、この色にはならないという。畑には、海から採ってきたワカメやヒジキなどの海藻に肥料を加え、昔ながらの栽培がつづけられている。生産農家はわずかで、それぞれが自家用につくっていて、多くは酢漬や、海水漬にされている。

芥屋かぶの海水漬

玄界灘がほど近いこのあたりでは、畑で収穫した「芥屋」かぶを陰干して海岸に持っていき、海水に漬けるのだ。岩の下に埋めて、岩を重しにしておけば、かぶは流されず、家に持ち帰って漬ける手間がかからず、なんとも合理的であるのに感心する。おまけに海水なら塩分もほどよく、いい具合の塩加減に漬かるという。

海水漬にしてから、家に持ち帰って、一部は酢漬にもする。いずれも、海に近いこの地方独得の漬け方だ。海の栄養を土に貯え、潮風を受けて育つ「芥屋」かぶは、まさにこの地方の自然環境が生み出したものといえる。

「きゅうりのくずかけ」、「南京豆の白和え」

有明海に注ぐ筑後川の河口、柳川地方で食されている、県内でも珍しい料理。昔の地這きゅうりは太くて、煮て食べることは多かったが、この地方では葛かけにする。イリコだしをとって、厚めに切ったきゅうりを煮て吸い物風に味をつけ、最後に葛溶きする。葛でとろみをつける料理には「だぶ」があるが、この料理はきゅうりだけの単品でつくる。夏だけの料理だ。

もうひとつ、この地方では「南京豆」と呼ぶフジマメも夏料理の食材として地元ならではの料理に使われている。掘割の岸の柳に這って、赤紫や白の花を咲かせ、盆過ぎから九月ころまで太く成ったさや豆をゆでて白和えにする。

フジマメはくせのある匂いがあり、繊維が強く、なかなかな個性の持ち主。人によって好き嫌いがあるが、地元の人はくせのあるこの匂いこそ食べたくなる味だという。好きな人は魚の煮汁でも煮て食べる。今は、ほとんど自家用の畑や庭先に植えられているだけだが、根強くつくられ、食べられているのもおもしろい。金沢では「つる豆」と呼ばれ、伝統野菜のひとつに取り上げられている。煮しめの具のひとつにするが、福岡のような食べ方はない。

里芋料理いろいろ

福岡県内には、里芋を使ったユニークな料理が多い。八女地方で広く作られる「芋まんじゅう」は、塩ゆでした里芋を丸ごと小麦粉の生地にくるんでゆがいたもので、この地方独得なものである。塩味だけの里芋のほっこり、ねっとりとした旨みが素朴に味わえる。残ったものは焼いて食べるのだが、これもまたおいしい。夏はじゃがいもを使う。こちらはしょうゆで甘がらく煮たもので、「じゃがいもまんじゅう」と呼ぶ。ただ「芋まんじゅう」と呼ぶときは里芋を使ったまんじゅうのこと。この地方では芋といえば、里芋なのだ。ゆでた里芋をつきくずして砂糖を加え、甘納豆を和えた「里芋きんとん」も法事につくられている。里芋のねばりを生かした変わりきんとんである。

　また、ゆでた里芋をつきくずし、すり鉢でよくすり、酒を加えてホイップクリームのようになったところで砂糖や蜂蜜を加え、柿やリンゴなどの果物を和えるという「里芋のくだもん和え」もある。甘いだけがおやつなのではない。砂糖が貴重だった昔は、芋ひとつにもそのもののもつ旨さ、ほのかな甘ささえ大事にしたのだ。

芋まんじゅう

「芋茎《ずいき》料理」

　里芋の茎（葉柄）は筑後地方を中心に食べられている。お盆のころから秋まで、みそ汁の具やおひたし、酢の物、煮つけにする。皮をむいてゆで、イリコだしや油揚げを入れてじゃがいもとしょうゆで煮ることが多い。緑色と赤芋茎《ずいき》がある。生のまま干した「芋がら」は保存しておき、食べるときに水で戻して煮つける。

　筑後地方の蒲池《かまち》大水芋《おおみずいも》は皮をむいてさっとゆで、シンプルに酢醤油やごまじょうゆで食べるが、シャキシャキとした歯ざわりがよく、独特なおいしさである。

芋茎料理

＊

だぶ

【材料】ゆでたタケノコ＝にぎりこぶし大、レンコン＝中１節、ニンジン＝２分の１本、里芋＝４～５個、ゴボウ＝１本、干し椎茸＝４～５枚、コンニャク＝２分の１枚、焼き麩＝適量、菜の花など青み＝適量、油揚げ＝２分の１枚、だし汁＝７カップ、干し椎茸の戻し汁＝１カップ、本葛＝40～50g、調味料（薄口しょうゆ＝40ml、塩＝大スプーン１杯、砂糖・酒＝少々）

【つくり方】

①干し椎茸を水で戻し、小さく切り、麩も戻しておく。

②昆布、鰹節でだしをとる。

③サトイモ、ニンジン、レンコン、ゴボウは皮をむき、サイコロくらいに小さめに切る。

④コンニャクはゆでて小さく切る。

⑤そのほかの材料も同じくらいの大きさに切る。

⑥だし汁に干し椎茸の戻し汁を加え、麩以外の材料を入れて、アクがでてきたらとりながら煮る。

⑦材料に火が通ったら、調味料を入れて味を調え、麩を加える。

⑧葛粉を少量の水で溶き、火をつけたままの状態に流し込み、手早く混ぜてとろみをつける。

⑨別にゆでた菜の花など青みをそえる。

がめ煮

【材料】レンコン＝大１節、ゴボウ＝中１本、ニンジン＝１本、コンニャク＝１枚、サトイモ＝５個、ダイコン＝３分の１本、干し椎茸＝５枚、インゲン（絹さやでもよい）＝適量、鶏肉切り身＝200g、だし汁＝材料の半分が浸かるくらい、薄口しょうゆ＝100～150ml、砂糖＝大スプーン４～６杯、酒・濃口しょうゆ＝少々

【つくり方】

①干し椎茸は水で戻しておく。

②昆布と鰹節でだしを取る。

③コンニャク、インゲンはゆでておく。

④材料を食べやすい大きさに、乱切りする。

⑤なべにインゲン以外の材料を入れ、だし汁と椎茸の戻し汁を入れて最初は強火で煮る。

⑥アクがでたらきれいにとり、調味料を２、３回に分けて味をみながら加える。

⑦落とし蓋をして、弱火でじっくりと材料に火が入り味が染み込むまで煮て、途中になべ返しを何度かする。

⑧彩りにインゲンを散らす。

あちゃら漬

【材料】新レンコン＝小１節、キクラゲ＝１枚、ニンジン＝２分の１本、キュウリかウリ＝適量、ショウガ＝少々、トウガラシ＝１～２本、漬け汁(だし汁、酢＝各１カップ、薄口しょうゆ＝40ml、砂糖＝大スプーン６杯、塩＝少々)

【つくり方】

①レンコンの皮をむき、さっとゆで、冷めてから薄くスライスする。

②キクラゲは水で戻し、千切りにする。

③ニンジンは皮をむき、短冊切りにする。

④キュウリは食べやすい大きさに切る。

⑤ショウガは薄くスライスする。

⑥漬け汁の調味料をまぜて加熱し、完全に冷めてからすべての材料を漬け込み、トウガラシを加える。

＊＊

夏の水炊き

【材料】
鶏肉のぶつ切り＝300g、ジャガイモ＝大4個（男爵が合う）、タマネギ＝大3個、豆腐＝1丁、水＝5カップ、塩＝少々

【つくり方】
①鶏肉を水から煮出し、アクをとりながら、ことこと煮る。
②ジャガイモの皮をむき、二つ切りにして軽く水にさらし、加える。
③ジャガイモに火が通ったらタマネギの皮をむき、四つ切りにして入れる。
④具がやわらかくなるまで煮て、塩で調味する。
⑤器にもり、好みでネギの小口切りや七味トウガラシをふり、ポン酢をかけていただく。

＊＊

冬の水炊き

【材料】鶏の骨つきぶつ切り、豆腐、シュンギク、ハクサイ、コウトウネギなど季節の野菜、生椎茸、春雨、ポン酢、ダイダイ、柚子胡椒

【つくり方】

①鶏のぶつ切りを水から入れて煮出し、アクをこまめにすくいとる。

②季節の野菜や生椎茸、豆腐などを食べやすい大きさに切る。

③なべに野菜を加えて煮ながら、ポン酢と好みの薬味でいただく。

＊

かしわ飯

【材料】鶏の切り身＝300g、米＝4カップ、水＝4カップ半、ゴボウ＝2本、ニンジン＝2分の1本、濃口しょうゆ＝大スプーン1杯、塩＝大スプーン1杯、薄口しょうゆ＝20cc、酒＝少々

【つくり方】
①米を洗い、ザルに上げて40分ほどおく。
②ゴボウはささがきに、ニンジンは千切りにする。
③米に材料と調味料を合わせて、炊く。

＊

にんじんご飯

【材料】

米＝4カップ、水＝5カップ、ニンジン＝1本、イリコ＝ひとつかみ、薄口しょうゆ＝40～50 cc、塩＝少々

【つくり方】

①米をとぎ、ザルにあげて40～50分おき、炊く前に10分ほど水に浸す。

②ニンジンは大きめの拍子木切りにする。

③ニンジン、イリコ、薄口しょうゆ、塩を入れてご飯を炊く。

なすの丸ゆで

【材料】ナス＝食べたいだけ、酢みそ（みそ＝100g、柑橘《かんきつ》酢＝大スプーン6杯、砂糖＝大スプーン3杯、酒＝少々）

【つくり方】
①ナスを丸ごとゆでる。
②粗熱がとれたらへたを切り、適当な大きさに切るか、手で裂く。
③酢みそをつけて食べる。

きゅうりの白和え

【材料】

キュウリ＝５～６本、豆腐＝１丁、みそ＝大スプーン１杯半、砂糖＝大スプーン２杯、洗いゴマ＝大スプーン３杯

【つくり方】

①豆腐をしっかり水きりする。ふきんやペーパータオルで二重にまき、ザルの上に置いて上から重しになるものをおくとよい。

②キュウリをやや厚めにスライスし、塩もみして洗い、硬くしぼる。

③ゴマを炒って、すり鉢でする。

④すり鉢に豆腐をくずし入れ、調味料を加えて、よくする。

⑤食べるときにキュウリを和える。

＊＊

けんちゃん

【材料】木綿豆腐＝１丁、ダイコン＝３分の１本、ゴボウ＝中１本、ニンジン＝２分の１本、コンニャク＝１枚、干し椎茸＝10枚、砂糖＝大スプーン１杯、油＝大スプーン１杯、薄口しょうゆ＝20ml、ネギ＝適量、干し椎茸の戻し汁＝２カップ

【つくり方】

①豆腐を水切りする。

②干し椎茸は水で戻して、細く切る。

③ゴボウはタワシで洗い、ささがきにする。

④ダイコンは拍子木切りに、ネギは小口切りにする。

⑤なべを熱して油をひき、野菜を入れて炒めて椎茸の戻し汁を加えて煮る。

⑥野菜に火が通ったら豆腐を崩し入れ、調味する。

⑦最後にネギを加える。

＊＊

びりんじ

【材料】鶏切り身＝300g、ゴボウ＝中3本、ネギ＝適宜、水＝1200 cc、薄口しょうゆ＝40 cc、濃口しょうゆ＝少々、塩＝小スプーン1杯、砂糖＝小スプーン1杯、油＝少々

【つくり方】

①ゴボウはタワシで洗って、ささがきにする。（水にさらさない）

②ネギは小口切りにする。

③鶏肉は少量の油でじっくり炒め、少し焦げ目が出てきたところで水を入れてゴボウを加え、煮立てる。

④ときどきアクをとりながら、ゴボウがやわらかくなるまで弱火で煮る。

⑤しょうゆ、塩、砂糖で味を調え、ネギをちらす。

ぬくずし

【材料】米＝４カップ、酢＝200cc、砂糖＝大スプーン４杯、卵＝３個、カナギ＝60g、干しワカメ＝ひとつまみ、三つ葉＝１束

【つくり方】

①ご飯を炊き、蒸らしに入ったら溶き卵を加えてふたをして蒸らす。

②なべに酢、砂糖を加えて加熱し、合わせ酢をつくり、干しワカメを加える。

③三つ葉を適当な長さに切り、飯台に入れて、その上から炊き上がったご飯を移し、混ぜる（卵がそぼろ状になる）。

④ワカメ入りの合わせ酢をかけてまぜたら、できあがり。

*

ポッポ膳

【材料】赤飯(もち米＝3カップ、水＝3カップ、小豆＝半カップ、ゴマ塩＝少々)、紅白なます(ダイコン、ニンジン適量、酢＝70 cc、だし汁＝半カップ、砂糖＝大スプーン2杯、薄口しょうゆ＝大スプーン1杯半)

【赤飯の炊き方】

①もち米は洗って3時間水につけておく。

②小豆は洗って2カップの水に3時間つけておき、そのままとろ火で40分ゆでる。(圧力鍋なら2分)

③もち米をざるで水切りし、炊飯器に入れ、ゆでた小豆とゆで汁半カップと水を入れて炊く。仕上げにごま塩をふる。

【紅白なますのつくり方】

①ダイコン、ニンジンは千切りにして塩少々をふりかけ、しんなりしたらかたく絞る。

②酢とだし汁、砂糖、薄口しょうゆで合わせ酢を作り、材料にかけて味をなじませる。

＊

かつお菜の変わりおひたし

【材料】かつお菜＝５枚(葉の部分)、シメジ＝１袋、干し柿＝１個、ユズの皮＝少々、だし汁＝２分の１カップ、薄口しょうゆ＝20cc、砂糖＝大スプーン１杯、酢＝２分の１カップ、カラシ＝適量、酒＝適量

【つくり方】

①かつお菜の葉の部分だけを切ってゆで、しっかりと絞り、食べやすい大きさに切る。

②シメジは石づきをとって、ゆでる。

③干し柿は小さく切る。

④ユズの皮は表面だけをむき、細く切る。

⑤全部の調味料をまぜ、かつお菜とそのほかの材料を和える。

＊

かつお菜のハイカラ和え

【材料】かつお菜＝５枚（中肋《ちゅうろく》の部分）、タマネギ＝２分の１個、オイルサーディン＝１缶、ブラックペッパー＝適宜、マヨネーズ＝適宜

【つくり方】

①かつお菜の葉を切りとった残りの部分をゆでて、食べやすい大きさに切る。（ゆですぎないように気をつける）

②タマネギは薄くスライスして、水にさらし、水気を切る。

③オイルサーディンは汁気を切り、半分に切る。

④マヨネーズにブラックペッパーを少々入れ、全部の材料を和える。好みで最後にレモン汁をかけると味がしまる。

*

博多雑煮（写真手前）

【材料】ダイコン、かつお菜、ニンジン、サトイモ、干し椎茸、紅白かまぼこ、ブリ切り身、餅、焼きアゴ、昆布＝適宜、薄口しょうゆ、塩、酒＝適量

【つくり方】

①前の晩から焼きアゴを水に漬けておく。

②干し椎茸を戻し、大きいものは４つ切りにしておく。

③ダイコンは厚めのイチョウ切り、ニンジンは輪切りにして、ゆでておく。

④サトイモも皮をむいて大きいものは３つくらいに切り、下ゆでする。

⑤紅白かまぼこは厚めに切る。

⑥かつお菜は葉と中肋《ちゅうろく》の部分とに分けて、それぞれをゆで、食べやすい大きさに切っておく。

⑦ブリもゆで、餅も煮ておく。

⑧焼きアゴは引き上げて漉し、昆布を加えてなべで加熱する。

⑨だしがとれたら、具材を入れて、調味する。

⑩雑煮碗に具をよそい、餅をのせ、かつお菜を加えて汁をはる。

＊串つなぎの場合は、下ゆでした野菜と椎茸を串に刺しておき、あごだしに味をつけ、雑煮碗に串の具を入れて餅、かつお菜をのせ、熱々の汁をはる。

〈93～108頁〉
料理とレシピ＝ふるさと料理人・藤清光
写真撮影　＊印＝山﨑信一　＊＊印＝武居秀憲

【コラム⑤】 博多のごっつおう*

――ごりょんさんの博多の味

「『ごりょんさん』って何?」とよく聞かれます。博多の商家の奥さんのことを呼びますが、皆様なかなか言えなくて、ぎこちない人が多いようです。「博多ごりょんさん・女性の会」は、福岡市の長い歴史と伝統を持つ博多部で女性の目を通して町づくりをしているグループです。博多の町を花で飾る「花いっぱい運動」、博多の文化的遺産についての勉強会、そして文化施設等の活用・研究を通して、新しさだけでなく古いものを伝えながら良き博多をつくりたいとがんばっています。その勉強会の一つで、「博多の料理を習いま専科《せんか》」として、郷土料理を伝える会を実施しました。博多の料理で面白いのは、そのネーミングです。「がめ煮」、「だぶ」など、ごりょんさんは商売もしながら食事を用意するので、あまり手がかからず素材をいかして工夫した料理が多く、ユーモアと知恵が詰まっています。

今回「博多ふるさと野菜を語る会」に参加しましたが、「博多ふるさと野菜」は博多に育ち、博多に育ててもらった一人として誇りを持って自慢できます。他の地域からいらっしゃった方に、何が博多らしいのですかと聞かれますが、博多は海の幸、山の幸に恵まれていて、特に「博多雑煮」の中にこれらがふんだんに盛り込まれています。一番の特徴は「あごだし(干したトビウオ)」、そして縁起をかつぐということで出世魚の「ブリ」、このブリに替わる素材として中には「アラ」や「タイ」を入れる家もあるそうです。また「これが無ければ博多雑煮ではない」という「かつお菜」も入ります。当て字でしょうが「勝男菜《かつおな》」と書きますが、最近では「勝女菜《かつおな》」とも言われ、なるほど現代はそうかとも思いました。

最近は若い世代の食生活が変わってきています。料理をするには愛情がなければできません。ごりょんさんの会は、博多のど真ん中にある博多小学校で子供たちと雑煮やがめ煮を作ったり、また山笠の時には豚汁づくりをしています。ホンモノの味を経験させることを通じ、自分たちの地域を見直し、誇りを持ち、地域を愛し、他の人・物を愛し育てていくお手伝いをして、博多の文化を次世代に伝えていきたいと思っております。

(博多ごりょんさん・女性の会　会長　西川ともゑ)

＊ごちそう

【コラム⑥】かつお菜の可能性

かつお菜といえば、博多の雑煮には、欠かすことのできない野菜である。

かつお菜、さといも、金時にんじん、しいたけ。鶏肉、かまぼこ、ぶり。これらを一椀分ずつ竹ぐしにさす。餅は丸もち。だしは、昆布に焼あごのすまし仕立て。かつお菜で餅をくるんで食べる。のどにつまらなくて好都合である。栗の小枝を割って作った栗はい箸で食べる。勝つとやり繰り上手の縁起を担ぐ。博多の雑煮は、博多の文化である。

そのかつお菜を、NPO法人野菜と文化のフォーラム名誉理事長であった故江澤正平さんを通じ、フォーラムのメンバーである元女子栄養大学の新井慶子先生にお送りしたことがある。数日後、お礼の言葉に添えて、かつお菜についてのレポートが送られてきた。

かつお菜の個性と食材としての可能性を博多の雑煮にとじこめないために、かつお菜は、中華料理がおすすめとの提案が書かれていた。新井先生から、料理方法によって、野菜の持つおいしい個性を引き出すことができるということを教わった。かつお菜のおいしさを雑煮以外で提案したいものである。

先に紹介した故江澤正平さんは、我々に、よく次のような話をされた。

「野菜を食べる行為には、品目（品種）、産地、味という三つの意味がある。品目（品種）は自然環境とかかわり、産地は地方文化の象徴、味は命である」「旨いと感じた記憶は残り、味の記憶をたどることが可能」そして、「個性のある野菜は旨くたべることができる。個性のある野菜を選択できる食生活は豊か、そういう野菜のある世の中は素晴らしい」「美味しさとは、飽きない味、口当たりが良く、食べることで楽しい気分、そして健康にいいもの。何よりも口（舌）メーターでたしかめてこそ」「かつお菜の持つ個性をもっと引き出しなさい」江澤さんの声が聞こえそうである。

（JA粕屋営農経済担当常務　仲村文紀）

【コラム⑦】博多に春を告げる野菜

博多の新しい野菜、それは「博多蕾菜」。「蕾菜」と書いて「つぼみな」と読む。これは、二年前に新しく産まれた野菜である。発端は、「サラダ食野菜開発事業」という県の事業であるが、サラダ用の野菜ではない。事業の趣旨は、あまり知られていない野菜を世の中に放ち、野菜の新たな需要を喚起しようというものである。数十種の野菜（博多の伝統野菜を含む）を試作し、ホテルのシェフ、栄養学や予防医学の先生、市場関係者など様々な方に評価してもらった。そのなかで一番、評価が高かったのが、蕾菜である。

この野菜、先ずは、見た目が新しい。色は、緑と白の絶妙のバランス、ぷっくりと、コロッとした形は、たいへん愛らしい。調理の際、火を通しすぎないことがポイントで、コリッっとした、シャキっとした新しい食感である。味は、この野菜が大型のからし菜のわき芽（肥厚した花茎）であることから、程よい辛みと風味を持つ。

蕾菜のキャッチコピーは「博多に春を告げる野菜」。二月から三月の限定出荷となる。

平成一九年秋に一ヘクタール植え付けて二〇年の早春、本格出荷をした。テレビ等にも取り上げられ、結構売れた。買っていただいた料理教室の先生や居酒屋の板前さんからは、熱心な問い合わせの電話（蕾菜って一体何者？）を頂いた。本格出荷は予想以上の反響だった。

現在、産地では生産拡大中である。まだまだ、消費者の皆さんの目に触れる機会は少ないが、近い将来、デパートやスーパーの野菜売り場、レストラン、食堂、居酒屋、いろいろなところで目にとまるであろう。

「博多蕾菜」は、平成生まれの「博多ふるさと野菜」である。

（福岡県農林水産部園芸振興課野菜係長　重松秀行）

【コラム⑧】いちごは、野菜?!

三〇年も前のことです。私は広告会社（博報堂）で、農業マーケティングの仕事をしていましたが、農業そのものについては知らないことが多く、関係者の皆さんにいろいろと教えていただいたものです。

とりわけお世話になったのが杉山勇さん。卸売会社である東京青果㈱の野菜部門の部長をされており、博多万能ねぎの東京進出でキーマンとしての役割を果たされた方です。博多万能ねぎは、日本で初めての本格的なフライト野菜として成功したもので、このプロジェクトに関わった人たちは数多くおられます。その皆さんから見ても、この方がキーマンであったことに異論はないと思います。

そして、博多万能ねぎに続いて、「博多とよのか」が東京へ、となりました。そんな熱気の中での会議で、杉山さんが私に、「いちごは野菜だよ」と話しかけられたのです。いちごは果実でしょう?!

そこで教えていただいたのですが、学術的には、スイカとメロンも野菜だそうです。母体が一シーズンで駄目になって、新しい実がつかなくなるものは野菜に分類されるらしい。卸売市場や小売店、テレビなどでは「果実」とされているのに、「へーえ」と思ったものです。

ところで、「博多とよのか」の東京進出でも、杉山さんは重要なサポーター役を努められました。博多万能ねぎに続く「博多とよのか」を、ぜひ成功させたいといった思いからの行動とはいえ、立場は野菜部の部長です。その際に、学術的にはいちごは野菜だといった「見解」が、社内的には大義名分になったと思うのです。

考えてみると、「博多」ブランドが定着するには、既成概念にとらわれずに発想し、力を尽くした多くの皆さんが居られたからです。

この本で、藤枝國光先生は、当然ながらいちごを野菜として論述されています。それを読ませていただいて、学術的にはいちごは野菜だと納得するとともに、三〇年も前の、博多ブランド野菜をとりまく「熱気」を思い出したものです。

（マーケティングプロデューサー　平岡豊）

【生産地レポート】

取材＝寺田秀三

《かつお菜》　石田初雄さん（福岡市博多区諸岡）

福岡市博多区諸岡、かつては農地が広がる田園地帯。「かつお菜」が栽培されていたこの地から博多駅までおよそ六キロ余り、昭和三八年に移転・新築された博多駅の駅舎が見えたそうです。

年月は流れ、諸岡地区も道路の新設・拡張に伴い開発が進み、約四〇年という時代を経た今日、石田さんは肥沃な農地である朝倉郡筑前町に畑を確保され、栽培の地を移されました。そこには井上さんという篤農家と定年退職し田舎暮らしを始めた方々がおられ、この仲間たちと「かつお菜」を栽培されています。

九月初旬に「ごんべえ（種まき機械）」を使って、二列に直播きされます。間引きの手間が相当かかるとのこと。八年がかりで寒さに強い株の選抜を続けて、耐霜性系統を育成し、自家採種の種子を使っています。かつお菜はアブラナ科ですが、うまみでもある特有の辛みが幸いし、カラスが食べないため、鳥害はないとのことです。藤枝國光氏によると、かつお菜のようなアブラナ科は自殖性なので、比較的に品種を固定しやすいそうです。

株数は一〇アール（三〇〇坪）当たり、約三四〇〇株、他産地よりも一〇〇〇株ほど少なく、この栽培密度だと肉厚の良いものが収穫できるとのこと。収穫は一一月初めから二月末までですが、他の野菜と同じように、寒いほうが美味しくなるそうです。

石田さんの奥さんから「かつお菜の古漬」をふるまっていただきました。「かつお菜」は葉をかいで収穫しますが、葉をかぎ続けていくと茎が残ります。その茎を捨てずに、漬物にしていただくのです。捨てるのは根っこだけ。これはまさしく「エコ」そのものです。

正月のお雑煮には欠かせない野菜ですが、雑煮以外の利用は少なく、生産量は減少の一途を辿っていました。ここ数年、生産者団体の地道な取組みもあり、少量ながらも一一月初めから市場に出荷され、福岡市内の小売店でも一般的に取り扱われています。独特の葉のちぢれが特徴的で、漬物にしても良く、味噌汁、おひたし、鍋物にもあい、特に油炒めが美味しく、お勧めの一品です。

上〉**かつお菜の圃場**　二週間もすれば収穫できるまで大きく育った「かつお菜」の畑。
下右〉**かつお菜の株**　大きく成長し、収穫直前のかつお菜。しゃんとした立派な立ち姿は、見事な出来ばえの証。
下左〉**かつお菜の生産者**　石田さんと、井上さんと、頼もしい仲間たち。 収穫後の一杯は格別な味だそうです。酒の肴はかつお菜の油いためとのこと。

《毛利大根》 毛利祥和さん（福岡市西区小田部）

　現在の早良区小田部地区に、かつて大根の大きな産地が形成されていたという面影はありません。室見川流域に広がる「小田部大根」の生産地として栄えた時代は、戦後の一時期までででした。戦後の復興、福岡市の都市化の波に飲み込まれ、今では大根畑は毛利さん他数軒が所有する畑だけになっています。

　毛利さんが栽培される大根は、「毛利大根」という名で親しまれ、福岡市場の銘柄品として高い評価を受け、市場関係者から重宝されています。栽培されているのは三種類の大根ですが、丸大根と呼ばれる聖護院大根、現在市場流通している代表的な品種である青首大根、そして毛利大根として名高いのが大蔵《おおくら》という品種の大根で、種子は五〇年前から自家採種されています。

　毛利さんの大蔵大根は栽培も難しく、収穫時の取扱いも細心の注意が必要だそうです。畑で引き抜くときの手加減、また出荷準備中や運搬中に何らかの衝撃が加わると、パチンと割れてしまうからです。収穫時の天候や気温なども影響するとのことでした。

　食味は「ふわっと」するような柔らかさ。火のとおりがとても早く、料理しやすい大根です。首が白く、均一な太さはありがたく、サラダや酢のもの、おでんの具材としても歩留りが良く、無駄が少ないので、業務筋では評価が高いということもうなずけます。

　毛利さんの畑はビルや人家に囲まれており、近くには採種する大根はありませんが、まれに家庭菜園に放置された大根と交雑する可能性があり、採種にも苦労されており、存続のためには今後の対策が課題とのことです。。

　住宅地の中、ビルの谷間にぽっかりと青々とした大根畑が広がり、どうしたらできるのかと思うほど真っ直ぐの畝、草も生えておらず、こんな大根畑は見たことがありません。毛利さんの心が息づく大根畑ですが、見るだけでも楽しくなります。

上 〉**毛利大根の圃場**　畑はこの大根畑だけ、周りは人家や鉄筋コンクリートのマンションが立ち並ぶ住宅街。

下右〉**畝**　畝（うね）といっても、解る人の方が少ないかもしれません。今風にいうと、「大根を育てる土のベッド」といえばピンとくるかも。

下左〉**生産者の毛利さん**　収穫したばかりの大蔵大根をご賞味あれ！

《蒲池大水芋《かまちおおみずいも》》　横山富美男さん（柳川市大和町徳益）

水が一面に張られ、水草が水面を覆っています。株面は水に浸かっていません。肥料をやりすぎると水芋が消化不良を起こし、根を横に張るとのこと。地下深くに栄養を求める必要がないので、根が怠惰になるというのです。

翌年に植える種芋は盆前に手当てをします。本田に植えて、芋茎《ずいき》を収穫している親芋に小芋ができていますので、それを採ります。この小芋を、本田の横に水を張った苗床に移します。十二月になると、霜害の対策として、この苗床の上に稲わらをかけ、籾殻をかぶせます。

翌年の、春の彼岸の頃、この苗床の籾殻を取り除くと新芽が出ます。水を張った畑に新芽が出た種芋を植えつけます。その後の仕事は肥培管理が中心だそうです。生産過程を一言で説明していただきました。横山さんからすれば、「それだけだ」ということであり、身体に染み付いた作業暦です。

生産者の名前が売れていないと仲買業者が買わないそうです。窒素分が多いと「いがいが」して食べられないので、生産者を特定するとのこと。柳川市場の仲買業者は生産者の名前を見て競り落とし、横山さんの水芋は市場でも第一級の評価を受けています。

市場への出荷は七月の下旬からで、竹で作ったナイフで、一五五センチくらいに成長した茎を、根に近い部分から切り取り収穫。市場には二本くびりで出荷されますが、三人家族用であり、二五〇円くらいで競り落とされます。それでも今年は安値だったとの事。盆前が高く、三〇〇円だったそうです。

肥料分の関係から、「いがいが」が強くなる場合がありますが、かぎとればかぎとるほど成長するのでなんとも便利な野菜です。収穫後も捨てたものではありません。親芋をおでんで食べるとのことですが、二倍体なので食味は良好でうまく、一般の里芋と違って煮崩れしないとのこと。

この水芋の食し方。まず、芋茎《ずいき》をゆがきます。沸騰したお湯に七～八センチに切った芋茎を皮をむいて入れます。ゆがき過ぎると、独特の「しゃきしゃき」とした食感を損ね、焼きナスのようなねっとりとした食感になります。ゆがく時間は要注意とのこと。ゆがいた芋茎はゴマ醤油でいただきます。極めてシンプルな調理方法と味

上〉**蒲池大水芋の圃場**　なにやら、蓮芋のジャングルのような風景でありますが、これが畑。
下右〉**収穫した大水芋**　横山さんの跡継ぎは孫の琢磨さん、身の丈ほどの水芋を手に持っているのは彼の奥様。
下左〉**蒲池大水芋の親芋**　子だくさんですね。 現代では貴重な存在？

付けです。調理してもらいましたが、さっぱりとして、噛むと口の中に少し粘りが広がります。食欲が減退する夏場にはうってつけの食味と歯ざわり。芋茎の皮をむいて陰干しすれば保存食の「いもがら」になります。食物繊維が多く、少し粘りがあります。芋ならではの味わいです。

溝にだけ水を張り、畝の上部は乾燥させておかないと、強い風が吹いたときに倒れるとのこと。ところで、苗は分けてやらないそうです。これを「百姓根性という」といって、にやりと笑う横山さんの嬉しそうなこと。

蒲池大水芋など、水芋群の品種は芋茎に蓚酸《しゅうさん》が少なく、栽培技術や調理過程でえぐ味（灰汁）を抜きやすいのが特徴だそうです。食べるときの灰汁抜きは必要ですが、比較的簡単に灰汁抜きができるので、簡単な一手間で十分です。

長い年月を隔てても現存し、地元の市場でも取り扱われ、その地域に生活する人々の普段使いとして食され、受け継がれている蒲池大水芋。今では数少なくなってしまいましたが、かつては、地域の生産者の多くが水田の端に、自家用として栽培されていたそうです。

蒲池大水芋の収穫　今や収穫は、孫の琢磨さん抜きでは始まりません。

【コラム⑨】八女で「ふるさと野菜」を考える

石川早生や赤芽など、里芋は昔から福岡で育てられた伝統野菜であるが、柳川地方にはまた違った里芋である蒲池大水芋がつくられている。

里芋はもともと連作を嫌う。そのため、柳川地方では蒲池大水芋を水を張った水田で作ることで連作を回避している。夏から秋にかけては長く伸びた葉柄部をズイキとして利用し、その上、晩秋には親芋も美味しく食べている。

ズイキとして食べるため、葉柄部にえぐ味が出ないように、水芋継承者の横山さんは施肥と水管理に心がけている。加えて、台風害や西陽を避けるために水芋栽培用の圃場を家の近くに設けて、しっかりした防風ネットを圃場のまわりに張っている。また、親芋の栽培中途で小芋を摘除して次年度の苗を作るなど、栽培する上での諸々の創意工夫がされていた。

蒲池大水芋は、まさに生産者の多くの智恵が、野菜に凝縮している。捨てるところがなく、素材の特性と長所を最大限に利用した「ふるさと野菜」である。

一方、福岡県八女地方には里芋を使った「ふるさと料理」として、里芋を丸ごと使った「芋まんじゅう」がある。

また、奥八女地方ではゆでた里芋やサツマイモに蕎麦がきを加えて作る「けいもち」がある。ともに素朴な味が人気であるが、最近ではまんじゅうの生地にヨモギをタップリ使った「ヨモギ芋まんじゅう」や、今の子供たちにも好まれるように、サツマイモあんを揚げた「ほたる揚げ」などの進化も見られる。

二〇〇八年、我々は里芋で「ふるさと料理」にあった素材の見直しをしたいと考え、多くの里芋の品種・系統を比較栽培し、試食しあった。

八女の気候風土に合った素材に、生産者側と消費者側から、それぞれに創意工夫を加えながら、「ふるさと野菜」と「ふるさと料理」を育んでいきたいものである。

（福岡県農業総合試験場　八女分場長　林三徳）

【コラム⑩】「三毛門《みけかど》カボチャ」復活の動きに注目

近年、豊前市で昔から栽培されていた日本最古のカボチャ「ふるさと野菜：三毛門カボチャ」復活の取り組みが、地域住民やマスコミから注目を浴びている。

この「三毛門カボチャ」は、最も早く日本に渡来した日本カボチャの種類で、天文十年（一五四二）にポルトガルの船が豊後国（大分県）に漂着し、大友宗麟の許可を得て貿易を始めた時に献上したのが始まりで、それが大友宗麟に属する土豪の緒方氏によって永禄年間（一五五八〜六九）に今の豊前市に持ち込まれたと言われている。

その後、豊前市の三毛門地区を中心に広まったことが「三毛門カボチャ」の由来であろう。

果実の外観は、表面に縦溝あるいは大小の瘤状突起があるのが特徴で、扁平で腰が低く横に広い果形で、六〜八キロと大果である。記録によると一八キロ程の巨大な果実もあったそうである。幼果の時は濃緑色の地肌の上に蛇紋状の斑紋を示し、熟するにつれて全体が赤銅色に変わり、表面に白い粉を生じる。食味は和風スープ等に適して伝統料理「かぼちゃ団子汁」があるなど品質は良いが、晩生で大果の特性から経済栽培としては廃れていったと考えられる。

「三毛門カボチャ」は、大正から昭和にかけては県下全域で栽培されていたのが、昭和三年の昭和天皇即位の時に、大嘗祭に献上され、一躍全国に知れわたり全国品種になった。特に終戦後の食糧不足では重宝され、昭和二八年頃までは全国各地で盛んに栽培されていたようである。

数年前から、宮崎求馬氏ら数人の方々が「三毛門カボチャ」の保存と復活のために努力されており、小学校の児童に栽培法や食べ方（まさに食育）の指導までされている。

さらに最近では、「三毛門カボチャ」を利用したワイン風味のアルコール飲料「三毛門カボチャ」や焼菓子など新たな商品が開発されて、注目されている。

是非、多くの方々が団子汁と新商品を試飲・試食して、「三毛門カボチャ」のファンになって頂きたいものである。

（福岡県築上地域農業改良普及センター所長　渡孝志）

【コラム⑪】温暖化、今こそ地域野菜を見直す

一九八八年に発足した「天候変動に関する政府間パネル」（略＝ＩＰＣＣ）の観測によると、地球の平均温度は過去一〇〇年間に、すでに摂氏〇・六度ぐらい上昇していると言われている。現在、全世界が地球温暖化に注視しCO_2削減に向けあらゆる対策に乗り出しているものの……、仮にこのまま何も対策を講じなければ、二一世紀初頭には、地球の平均気温は三・五度上昇し、海面は九五センチ程高くなってしまう？。まさしく全世界の地図が変わる！小松左京の小説「日本沈没」が現実のものとなると何とも恐ろしい。

近年異常気象によって日本でも、局地的に熱帯地方のスコールのようなゲリラ豪雨、かといって猛暑で水不足といった地域、異常気象に見られるように、いつ、どこで、何が起きても不思議でない気象変動が地球温暖化の影響なのでは……私だけが思っていることだろうか？

人間、生活の基本である「衣・食・住」の中で、一番大事なのは、「食」である。今、その食である農業に携わる生産農家の減少が、ここ福岡県でも顕著になってきた。統計で見られるように七〇歳以上の農家が七〇％と後継者問題が深刻化し担い手育成を手がけているところだ。

ところで福岡県は、消費県と思われがちだが、全国でも有数な農業県でもあり、中山間地域から平坦地と変化に富み、西南暖地の気象条件を活かし、大都市への出荷を目指してきた。根菜類、葉茎菜類、果菜類、香辛つま物類等々二七五品目余の野菜があり、中でも博多万能ねぎ、博多なす、博多トマト等ブランド化の野菜も数多く輩出している。

しかし、温暖化によってその傾向は変化してくるだろう。作物構成も変化し、冬の施設野菜から露地栽培化するだろう。そこで、温暖化に対する新たな野菜品種（？）と野菜生産の技術力によって、今こそ、地域野菜が見直される時代がすぐそこにきているのではと思う。

私たち、農業関係者は、将来的な食料確保として、地域の食を守る立場、安全な食を提供する立場から、新鮮な野菜で健全でかつ豊かな食生活をおくってもらいたいと考える。何故なら野菜にはビタミン、ミネラル、食物繊維等人間に必要な栄養素がたくさん含まれているのだから。

（ＪＡ全農ふくれん園芸部長　中原　勲）

【コラム⑫】博多ふるさと野菜の心を伝える青果市場

生産農家が手塩にかけて育てた農産物は市場に持ち込まれたときから商品になります。需要と供給のバランスが最大の価格決定要素ですが、加えて「食味・外観・色合い・形状」など青果物の特性、買気などの思惑、天候等が絡んで相場が形成されます。価格のない青果物の値段を決める価格形成機能が市場の市場たる所以だといえます。

市場の花形はせり人ですが、例えるならば仲人。高く売りたい生産者と安く仕入れたい需要者を仲介する役割です。今では競売の比率は下がり、相対《あいたい》と呼ばれる販売方法が主流になりましたが、競売という生身の人間のやりとりは市場の原点であり、その火が消えることはありません。

昭和五〇年代になるとスーパーという名の量販店が登場します。この頃から零細多数の生産者、比較的規模の小さな八百屋さんで形成していた市場は、「大型産地・大型量販店」の時代へと移行していきます。そのような時代の流れの中で青果物の知識が豊富な街の八百屋さんは極端に少なくなってしまいました。「定時・定量・定価・定質」を求める量販店への対応は大型産地が不可欠であり、消費者の購入価格も百円均一セールにより、値頃感はワンコインに凝縮されました。「簡単・サラダ・甘い・安い・きれい」という価値観で現代的に評価され、「辛い・酸っぱい・苦い・大きい」等の青果物は敬遠され、伝統的な昔からの野菜は少しずつ姿を消すようになりました。

時代の変遷は、生産も販売も大きく変容させましたが、変えてよいもの、変えてはいけないものもあります。食は文化であり、その地で生活する私達の原点、存在証明です。

博多雑煮の食材であるかつお菜は、近郊野菜生産者の地道な努力により、正月野菜としての需要から、少量ながらも普段使いできる野菜として、市場流通が復活しています。

博多の伝統的な野菜を市場で卸売することは、市場の原点を見つめることであり、市場の心そのものだと思います。時代の要請が効率化・合理化であったとしても、その価値尺度で計れないのが博多の食べ物であり、それを支える伝統的な野菜を育てるのはとても素敵なことだと思います。

(福岡大同青果㈱営業促進部長　寺田秀二)

博多ふるさと野菜一覧表

＊　博多の食文化に育まれ、古くから作られている伝統野菜、あるいは特産野菜や地方野菜を「博多ふるさと野菜」という。

福岡の地方品種

種類	品種	分布地域	備考
キュウリ	執行落合	久留米市	関野落合の改良系統、昭和三〇年頃まで半促成栽培に普及していた。
	泉　春	福岡県	四葉の血を引く春型雑種群、分枝が多い。白疣で肉質がしまる。
	砂　津	北九州市	地這群の夏キュウリ、高温に耐え分枝が多い。白疣で肉質は軟らかい。
	宮ノ陣	九州・山口県	地這群の夏キュウリ、高温に耐え分枝が多い。白疣で肉質は軟らかい。
	八木山	八木山高原	華北型夏キュウリ、笠置三尺の選抜。山間地の夏秋栽培に普及していた。
	本場四葉	福岡県	華北型夏キュウリで支柱仕立て用、長果で歯切れがよく生食・加工用。
シロウリ	久留米しろうり	久留米市	五〇〇g前後の淡緑色の円筒形で、歯切れがよく、ぬか漬・奈良漬用。
	馬　田	筑後地方	早生で中型、淡緑色の円筒形で、漬物用として良質。
	はかた越瓜	福岡県	博多特産の早生豊産種、俵形の中玉で果肉が厚く、浅漬・奈良漬用。
カボチャ	三毛門	豊前市	ニホンカボチャの基本品種の一つ、晩生で大果になり、肉質は粘質。
	八媛在来	八女地方	ニホンカボチャの八女在来種、うどんこ病抵抗性で抑制栽培用。
ニガウリ	ニガゴウリ	八女地方	八女地方の在来種、黄色の長形果で苦味が強い。
ナス	久留米長	福岡県	耐暑性・耐病性に優れ、晩生。果実は大長で焼き茄に適する。
	博多長	九州	耐暑性に優れ晩生。大長で果皮が硬く肉質は柔らかく、焼き茄・煮食用。
	泉中長	久留米市	熊本より導入した佐土原系の早生種、早期着果性に優れ、良質。
ピーマン	五十鈴	九州	カリフォルニア　ワンダーの選抜系統、早生で着果性に優れる。
インゲン	筑紫平莢	九州	ケンタッキー　ワンダーの平莢系統、蔓性で収量が多く、煮食用。
フジマメ	南京豆	筑後南部	蔓性の在来種。堀岸で夏秋栽培し、若莢を白和えや煮物に利用。

種類	品種	分布地域	備考
サトイモ	大吉	福岡県	別名セレベス。三倍体で親子芋用、芽色は赤く、やや粉質で美味。
	文久早生	福岡県	石川早生丸系で子芋用、芋は丸く白芽で、粘質。三倍体。
	八つ頭	福岡県	二倍体、親芋と小芋は分球せず塊状になり、やや粘質。葉柄も食用。
	蒲池大水芋	筑後南部	文政年間に普及。葉柄をおひたしや煮物で食べる。干して保存する。
カブ	改良博多	福岡市	和種系の聖護院と博多据の交雑種、肥大根は大型です入りが遅い。
	博多据	福岡市周辺	和種系の切葉天王寺の土着品種、中生で肥大根はやや大型で白い。
	芥屋	志摩町	和種系在来種、肥大根は赤紫色の円錐形で肉質が軟らかく漬物用。
ダイコン	泉早太り	九州	みの早生と交雑した宮重系、モザイク病に強く夏秋期に五〇日で収穫。
	小田部	福岡市	みの早生・練馬・宮重の交雑種、白首で抽根し中型、沢庵用。
	高六青首	北九州市・筑豊	宮重大根の土着品種。
	白首宗像	北九州市・筑豊	宮重大根にみの早生を交雑させて選抜した高六青首宮重から、系統選抜で育成した白首系宮重。
	博多春若	福岡市	博多産二年子群、秋播し冬春期に収穫、球~長球形で肉質はしまる。
	晩づまり	福岡市周辺	晩生丸より選抜した早太りの中型大根、遅播し三月出荷も可。
	博多四十日	福岡市周辺	みの早生が交雑した四十日群の夏大根、近年は葉とり専用。
ニンジン	博多人参	福岡市周辺	東洋系で黄色根のリコペン人参、昭和二二年頃まで栽培された。
	いぼなし金時	福岡市周辺	東洋系の金時と博多人参を交雑させて選抜。夏播で年末から収穫。
	筑紫五寸	福岡県	黒田五寸の選抜。肩が張り、尻づまりがよく、濃紅色で紅芯。
	博多金時	福岡県	いぼなし金時より選抜。肥大根がやや短く総太り形。
ゴボウ	地ごぼう	久留米市・三井郡	新田ごぼうに似た在来種。晩生で、春播冬採り用。

種類	品種	分布地域	備考
ネギ	九　条	久留米市近郊	九条系の土着種、分げつが多く葉質が軟らかく葉ネギ用で、〈博多万能ねぎ〉や〈明星葱〉の主力品種。
	新九条	福岡県	白ネギの血を引く九条系品種、昭和四〇年福岡農試園芸分場の育成。
ツケナ	博　多	福岡市	別名白京菜・長崎菜。長崎白菜の土着種で早・晩生の2系統があり、晩生系統は四月採り。
	和　芥	三潴郡	カラシナの在来種、抽台の早い漬菜で正月前に収穫する。
カラシナ	柳川高菜	久留米市近郊	中国産「青菜」の順化型。大葉で中肋の広い多肉高菜。
	うまいな	久留米市近郊	かつお菜より、葉が広くて皺が少ない。煮食用。
	かつお菜	福岡県	在来の高菜。葉は皺が多く中肋が丸い。かぎ葉で収穫し煮食用。
	三池高菜	福岡県	柳川高菜と紫高菜の雑種より選抜した多肉高菜。晩抽で多収、漬物用。
	山潮菜	福岡県	葉芥子菜の土着種。苔立ちの頃に収穫し、浅漬にする。
	蕾　菜	筑後南部	芽芥子菜群の選抜系統で、肥厚した花茎を利用する新規野菜。
キャベツ	三池早生	福岡県	中野早生の分系。抽台性が淘汰され、秋播用の極早生種。
	三池中生	九州	黄葉サクセッション群、秋播用の中生種で水田裏作に普及していた。
シュンギク	博多中葉春菊	福岡市	立性で分枝少なく、主茎は伸長性に優れ軟らかい食感が特長。別名茎シュンギク
	大葉春菊	北九州市	分枝性が弱く、大型の肉厚葉で切れ込みが少ない。ふぐちりに賞用、別名ローマ
イチゴ	はるのか	福岡県	一九六七年に園試久留米支場育成、休眠が極く浅く促成栽培用。
	とよのか	福岡県	一九八三年に野菜試久留米支場育成、休眠が浅く半促成～促成栽培用。
	福岡S6号	福岡県	福岡県農業総合試験場の育成で農水省登録品種に二〇〇五年に登録。〈博多あまおう〉の名称で商標登録され、促成栽培に普及。大果で高品質。

〈参考文献〉『九州山口の園芸』（九農試園芸部、一九五八）『福岡の園芸』（福岡県、一九六七）『野菜の地方品種』（野菜試験場、一九八〇）『地方野菜大全』（タキイ種苗、二〇〇二）

ふるさと野菜が豊かな食文化をつくる――あとがきにかえて

福岡市の野菜流通の変遷

博多が「那」と呼ばれ、日本最古の国際交流の港として「那の津」が開かれ、中国大陸や朝鮮半島との文化、経済、外交の場として栄えていたころから、博多の周辺は野菜の主要な供給地になっていたと思われます。

江戸時代末期までは、那珂川の中洲一帯は軟弱野菜、キュウリ、カボチャなどを栽培する野菜畑であったようです。川端は那珂川河口にあたり商家が軒を並べ賑わっていました。この近くは、豊臣秀吉の「太閤町割」以降おおいに栄えた商人町であって、青物の需要も多く集散場的なものがあったと考えられます。

明治時代になって、中洲と川端をつなぐ作人橋のたもとに、近在の農家の人々が自家栽培の野菜等を荷車に積んだり、天秤にかついで集まり商いをするようになりました。ここに自然発生した「野市」が、青果市場の芽生えであります。

明治二一年四月、福岡に市制が施行され、野市の規模も次第に大きくなり、同時に東の方に移って明治三二年頃石堂川の西門橋付近に移動していきました。

大正三年、博軌電車と福博電車の分岐点の西門停留所西側の筑紫郡千代村に、約一五〇〇坪の土地を古賀壮兵衛氏から借りて移転、大正七年千代真砂町に「九州青果市場（株）」が設立されました。大正九年には因幡町に公設市場も開設されています。

大正末期より北崎の商いも田島汽船（大成丸）によって博多大浜に上陸、リヤカー行商隊は昭和五〇年頃まで続きました。

このように、福岡市の自然的・経済的立地を背景に、福岡市野菜園芸の歴史は極めて古く、特に福岡県で最も古い産地は箱崎地帯といわれ、隣の堅粕《かたかす》・住吉とともに戦前まで近郊産地として、軟弱野菜の集約経営を行い、福岡市場の唯一の供給産地でありました。

箱崎の博多ニンジン、博多すわりカブ、博多キュウリ、博多ナス、四十日《しじゅうにち》大根、堅粕ネギ、高等野菜が著名でありました（主要な野菜の品種等は福岡県野菜試験場の資料参照）。

その後福岡市の発展により都市周辺に野菜栽培が広がり、消費人口の増加に伴い県内に野菜の生産が拡大し供給されるようになりました。野菜栽培の必要に対応して、農会には園芸の技術員が設置され、生産から販売まで一連の指導によって大幅に面積の増加を見るに至りました。

しかし、戦時体制に入るや園芸作物への制限等が加わり、経営の形態が変わり、更に資材の不足等生産は減退をきたし、昭和二〇年頃の生産量は最低に落ち込みました（昭和二三年県の野菜作付面積は一万二五四〇ヘクタールに減少）。

この時代、野菜の不足時代で専ら生産すれば売れる売手市場が続きましたが、昭和二二年福岡県青果市場条例が制定されると、各都市に市場が乱立し、昭和二四年頃まで市場は競争が激化しました。

昭和二四年の青果物統制撤廃を契機に生産形態の改善が行われ面積も増加し、昭和二九年頃より買手市場に移行していきました。

つまり、①品質の競争、商品化競争②まとまった出荷量（大量生産、大量販売）③適地適作への改善が要求され野菜園芸の転換期をむかえました。終戦直後主食代用となったサツマイモ、カボチャなどは、昭和三〇年代から減少し、食生活の洋風化などによって、生食野菜、緑黄色野菜類が大きく伸び、青果物の流通は昭和三〇〜三一年頃を境に需要と供給の関係が逆転しました。

福岡市周辺の産地は近郊産地としての優位性と伝統ある栽培技術を駆使して、戦後消えた苺が昭和三〇年頃から再び導入され四〇年には七四ヘクタールの面積となり県下一位となりました。また、和白、今津を中心に四〇年には早生タマネギが九七ヘクタール栽培され種子の共同購入から出荷調整まで取組み、先駆的な産地として発展しました（今津の早生タマネギは昭和三一年より共販を開始し、昭和三四年福岡園芸連の共販の体制の基礎をなしました）。さらにスイカ、キャベツ、ハクサイ、ダイコン、ネギなどの他、シュンギク、ホウレンソウなどの軟弱野菜が普及し、高度な輪作を行うようになりました。その後高度経済成長とともに農協の合併や市場の整備が進められ、今日の生産、流通形態となりました。

現状と課題

福岡は大きな消費を持つ都市で過去から多くの野菜等が生産されました。

今日まで都市の発展とともに野菜の生産は種子や流通の変化もあり共販による大量生産、大量販売が進められました。このため、「作りにくい」「形が悪い」「収量が上がらない」等々から経済性が優先し、本物と言われる品質重視の野菜は消え、全国同じような素材、型、商品となりました。

このように生産体制が整い、併せて海外からの輸入も増大し価格も安値安定化の時代になりました。

生産地においては価格低迷と都市化、高齢化が進み、福岡市内産の福岡大同青果(株)における野菜の取扱量一九年産を一〇年前に比べると七一%に減少し、特に都市部のJA福岡市東部では五六・六%と急減しています。

一方消費者においても食を見直し、消費のあり方も変化し、安心・安全を地産地消に求め、その先が直売所であります。

本来青果物はすべての人に、新鮮で美味しいものを安定的に購入できる事が望ましいところです。

博多は多くの野菜や青果物の発祥の地です。時代とともに商品が変化することは仕方がないことですが、本来の品質や味が失われる事は止めなければならないと思います。また、年々減少する一人当たりの野菜の消費量も増やす必要があると考えます。

博多の野菜の振興に

近年の経済成長とそれに伴うライフスタイル、家族形態、生活環境の変化で従来の食生活、食習慣は年々低下し、青果物も多種多様な生産と供給が求められます。季節性や地域性、風土、文化を超越する商品の多様化、差異化、記号化を通じて拡大し、小売店頭の青果物売場にはありとあらゆる商品が並んでいます。

こうした中、商品のスキャンダルによって食に対する安全志向は高まりました。しかしそれは、食に対する意識が高まった事ではありません。年々減少する野菜の消費量を考えると、このままでいいのだろうかと一抹の不安を覚えます。長寿の時代の今、願わくば長生きすればするほど健康でありたいものです。年々減少を続ける農業生産は大きな構造的問題を抱えています。海外からの輸入も増えてくるでしょう。

「安心・安全」に関心が高まるなか、健康のためには、「安心・安全」は当然です。福岡は大きな消費者規模を持つ都市としては数少ない地産地消の適応地です。博多の野菜の振興は、福岡大都市圏の消費者及び流通を核とした関係者が連携して大規模の域内生産、域内消費のシステムを再構築するものです。

食文化が多様化するなか、博多ふるさと野菜は地元にあった野菜、地元で取れた野菜を基本に研究改良・開発を進め、安定拡大に努めなければなりません。このようなことから、博多の料理に新しい食の提案ができる野菜の開発、生産振興、食育推進の一助となるべく、博多の食文化が育んだ、特産野菜や地方野菜を「博多ふるさと野菜」と定め、会員の協力で、その野菜の特性や料理を一冊の本にまとめ、発刊することができました。

本書が福岡都市圏の関係者はもとより、広く生活者の皆さんが、「食」を模索し、見つめ、考え、青果物の消費が拡大し、農業者、流通業者が生き生きと輝き、消費者が安心して生活できる環境づくりに役立つ事を念じています。

博多ふるさと野菜を語る会　会長　菰田幸弘

〈執筆者一覧〉

藤枝國光　九州大学名誉教授。著書に『野菜の起源と分化』などがある

中山美鈴　食・生活文化研究所エリス代表。著書に『ふるさとの食卓』などがある

樋口泰範　福岡県園芸連元参事

稲富睦人　福岡大同青果㈱元役員

森部賢一　JA筑前あさくら代表理事副組合長

菰田幸弘　福岡市園芸振興協会会長

中原清隆　㈱中原採種場開発部長

西川ともゑ　博多ごりょんさん・女性の会会長

仲村文紀　JA粕屋営農経済担当常務

重松秀行　福岡県農林水産部園芸振興課野菜係長

平岡豊　マーケティングプロデューサー

林三徳　福岡県農業総合試験場八女分場長

渡孝志　福岡県築上地域農業改良普及センター所長

中原勲　JA全農ふくれん園芸部長

寺田秀三　福岡大同青果㈱営業促進部長

（役職等は平成二十一年三月三十一日現在）

〈博多ふるさと野菜を語る会〉

福岡は豊かな自然に恵まれ、多くの魅力と特性を有しています。食べ物が美味しく、多様で特長ある博多の料理を築き、産地も都市の中に拡大してきました。しかし、ライフスタイル、家族形態、生活環境の変化で食生活、食習慣は変わってきました。野菜の美味しさ、辛みや苦みが嫌われ画一化され、特色ある伝統野菜、産地は減少しています。

博多ふるさと野菜を語る会では、博多の食文化が育んだ福岡の特産野菜や地方野菜を「博多ふるさと野菜」と定義し、博多ふるさと野菜の特性や料理の参考書として「博多ふるさと野菜」を発刊します。

博多ふるさと野菜を語る会は、これからの博多の食、料理に新しい提案をし野菜の開発、生産振興、食育推進を応援する会で、誰でも参加できます。

あなたの参加を待っています。

事務局＝福岡県近郊野菜流通改善福岡市場協議会内
博多ふるさと野菜を語る会（担当：奈良崎・光安）
TEL：092－411－3080
FAX：092－431－6768
E-mail : fukuen@pbcz.ftbb.net

博多《はかた》ふるさと野菜《やさい》

二〇〇九年五月二十五日発行

著　者　博多ふるさと野菜を語る会©
発行者　小野静男
発行所　弦書房
（〒810・0041）
福岡市中央区大名二－二－四三
ELK大名ビル三〇一
電　話　〇九二・七二六・九八八五
FAX　〇九二・七二六・九八八六

印刷　アロー印刷株式会社
製本　篠原製本株式会社

ISBN978-4-86329-020-4　C0077